CÓMO
ENFRENTARNOS
A LA REINA
DEL CIELO

CÓMO ENFRENTARNOS A LA REINA DEL CIELO

C. Peter Wagner
y Héctor Torres

BETANIA

Betania es un sello de Editorial Caribe,
una división de Thomas Nelson, Inc.

Copyright © 2000 Editorial Caribe
Nashville, TN – Miami, FL

E-Mail: editorial@editorialcaribe.com
www.editorialcaribe.com

Título en inglés: *Confronting the Queen of Heaven*
© 1998 por Peter Wagner

Traductor: *John Bernal y Héctor Torres*

ISBN: 0-88113-623-9

Contenido

4. La Reina del Cielo en Latinoamérica

¿Cómo se infiltró la idolatría a la Reina del Cielo en Latinoamérica a través de la conquista y el sincretismo religioso?

5. Quién es María

Este capítulo describe el sincretismo religioso que adoptó el nombre y la persona de la madre de Jesús para que se continuara adorando a la Reina del Cielo bajo la supuesta identidad de María.

6. Cómo vencer a la Reina

¿Qué podemos hacer los cristianos para enfrentar a la Reina del Cielo y proclamar que Jesús es Señor?

Prefacio

¿**Q**uién es esta deidad adorada bajo varios nombres y considerada patrona de muchos pueblos asirios, babilonios y fenicios y a la cual se refiere el profeta Jeremías (7.10; 44.17-29)? La Reina del Cielo probablemente se refiere a Astarot o Istar, diosa del amor y la fertilidad identificada con la luna cuya adoración Moisés prohibió estrictamente (Deuteronomio 4.19; 17.3).

Durante los tiempos del apóstol Pablo se le conocía como Diana de los Efesios. Este era el nombre latino de la divinidad más celebre de Asia Menor. Conocida también como Artemisa, era una deidad lunar y encarnaba varias diosas orientales que, bajo el sincretismo de la época, asumían diferentes nombres según la región donde se le adorase.

Las tortas de sacrificio mencionadas en estos pasajes eran similares a las que los griegos ofrecían a Artemisa. Tenían la forma de una luna creciente o de una luna llena y eran ofrecidas durante el mes de Munychion, mes dedicado a la adoración de la luna.

El culto o la idolatría de la diosa madre de Babilonia llamada Semíramis se propagó a todas las regiones de la tierra tras la confusión de los idiomas en

Babel. Los chinos la llamaban Shingmoo. Para los germanos era Hertha, para los egipcios era Isis. En la India se le conocía como Indrani; en el Japón, como Amaterasu.

Los pueblos que emigraron al nuevo continente llevaron consigo la idolatría a la Reina del Cielo y como tal la veneraban. Los aztecas la veneraban bajo el nombre de Xochiquétzal, los chibchas como Bachue y los muiscas como Hiutaca. Cada pueblo le conocía con un nombre diferente y con frecuencia la deidad tomaba las facciones y el color de la piel del pueblo que le adoraba.

Durante el proceso de «evangelización» de los indígenas del nuevo continente, se procuró el sincretismo que la Iglesia Cristiana hacía más de mil años había adoptado. Bajo el nombre de María la madre de Jesús se había continuado la idolatría a la Reina del Cielo. Los misioneros en su afán por la evangelización de las tribus, simplemente adaptaron las deidades de los nativos y con APARICIONES de dudoso origen «bautizaron» la deidad con un nombre cristiano; mezclaron la idolatría de estos con un nombre aceptable a todos y le continuaron adorando bajo un nuevo disfraz. De allí surge la veneración a las diferentes «vírgenes» en todo el continente iberoamericano con sus diferentes nombres, títulos, facciones, color de piel y vestimentas.

Hoy día aún se venera esta deidad en todas las naciones del globo terráqueo. En nuestro continente se le identifica como María la madre de Dios, aunque asume diferentes títulos y tiene diferentes semblantes. La vemos en el culto a la Virgen De Guadalupe, a la Virgen de Chiquinquirá, a la Virgen de la Caridad del Cobre, a la Virgen de Coromoto y muchos otros más. Bajo el nombre de Nuestra Señora asume diferentes títulos como Nuestra Señora la Reina del Cielo, Nuestra Señora del Cielo Reina De Los Ángeles o Nuestra Señora de la Asunción. Similarmente a las de los babilonios, asirios y fenicios, estas deidades han sido consagradas como patronas de diferentes ciudades, regiones y naciones de nuestro continente.

En este libro, *Cómo enfrentar a la Reina del Cielo*, el Dr. C. Peter Wagner nos remonta a la ciudad de Éfeso durante los tiempos de los apóstoles Pablo y Juan, y nos revela cómo después de entablar un conflicto espiritual en los más altos niveles logran destronar a la Reina del Cielo, entonces conocida como Diana. Wagner nos muestra también cómo una iglesia apóstata reestableció más tarde la autoridad de esta deidad en la ciudad de Éfeso.

Con gozo presento este manual que será una gran herramienta para la evangelización del mundo hispanohablante.

Héctor P. Torres
Ministerio Hispano Internacional
Centro Mundial de Oración
Colorado Springs, CO USA

Introducción

El cuerpo de Cristo ha llegado a un sitio nunca antes conocido en la historia de la Iglesia. Incluso el libro de los Hechos no registra los tipos de ministerio tan asombrosos que ahora estamos viendo en muchas partes del mundo.

Pareciera como si Habacuc 1.5 se estuviese haciendo realidad en nuestros días.

Mirad entre las naciones, y ved, y asombraos; porque haré una obra en vuestros días, que aun cuando se os contare, no la creeréis.

¿No deberíamos esperarlo? Después de todo, Jesús dijo: «El que en mí cree, las obras que yo hago, él las hará también; y aun mayores hará, porque yo voy al Padre» (Juan 14.12).

Vivimos en tiempos de una gran cosecha de almas que el mundo jamás había visto; de casi todas las naciones se reciben informes sorprendentes del despliegue de poder sobrenatural; el cuerpo de Cristo está mucho más unificado de lo que ha estado en milenios; hay más personas que oran y oran al unísono que nunca antes, y vivimos en la primera generación que puede ver la luz al final del túnel de la Gran Comisión. ¡Qué tiempo tan extraordinario para ser cristiano!

La década de la guerra espiritual

Nunca antes había Dios encomendado a su Iglesia el nivel de guerra espiritual que se está librando en todos los continentes desde la década de los noventa. Incluso, hace veinte años, ni siquiera teníamos el vocabulario para describir lo que es común y corriente en estos días. Hoy encontramos en nuestro vocabulario términos como *guerra espiritual a nivel estratégico, cartografía o mapeo espiritual, arrepentimiento identificativo* y *evangelismo basado en la oración.* El que esto se produzca ahora nos hace preguntarnos por qué Dios habrá esperado hasta ahora para liberar a la Iglesia a fin de realizar un ataque tan inmenso contra el reino de Satanás.

Creo que la respuesta a esta pregunta trascendental descansa en el hecho de que desde la década del noventa ha vuelto a ubicarse el gobierno auténtico de la Iglesia universal. Durante la década del ochenta el ministerio profético surgió dentro de la iglesia y comenzó a asumir su merecida posición en la vida y el ministerio del pueblo de Dios. En la década del noventa aparecieron apóstoles que han sido reconocidos legítimamente por las iglesias. Leemos en Efesios que «[Jesús] constituyó a unos, apóstoles; a otros, profetas; a otros, evangelistas; a otros, pastores y maestros» (Efesios 4.11). La iglesia tradicional ha recibido el ministerio de evangelistas, pastores y maestros durante siglos, pero sólo recientemente ha aceptado el ministerio de los profetas y apóstoles. Sin embargo, debido a que en la actualidad están operando apóstoles y profetas, Dios está confiando a su Iglesia tareas de alto nivel que no habíamos presenciado anteriormente.

En 1990, tuve el privilegio de contribuir con la fundación de *la Red Internacional de Guerra Espiritual*, y desde entonces he servido allí como coordinador internacional. Esto me ha dado un puesto en primera fila para presenciar el desenvolvimiento del plan de Dios en cuanto a su ejército espiritual. Durante los días en que tambaleando dimos los primeros pasos, cometimos errores. Sin embargo, con el Espíritu Santo como mentor, hemos aprendido rápidamente, y ahora estamos más maduros y mejor preparados para la batalla. Hemos visto tremendas victorias a favor del Reino de Dios en la década del noventa, particularmente entre los pueblos no alcanzados de la Ventana 10/40.

Durante los últimos años de la década pasada, Dios nos ha estado confiando un nuevo nivel de guerra espiritual. Algunos de los aspectos en este folleto no han sido parte de un conocimiento generalizado. No son conceptos de la cátedra para curso inicial de Guerra Espiritual 01. La nueva tarea que Dios ha asignado a la Red Internacional de Guerra Espiritual, y a todo el cuerpo de Cristo en general, tiene que ver con los niveles más altos de «gobernadores de las tinieblas de este mundo», como dice el apóstol Pablo en Efesios 6.12. La idea de enfrentarnos a la Reina del Cielo no es un juego divertido. Es un asalto de avanzada y de alto riesgo contra los poderes del mal que nadie quisiera emprender sin una orden directa de Dios.

¿Por qué alguien en su sano juicio puede desear enfrentarse a los altos principados y potestades de las tinieblas? Es muy sencillo: se trata del cielo y del infierno. Dios nos ha dado el ministerio de la reconciliación. Él nos ha entregado el evangelio de Cristo, que es poder de Dios para salvación. Él no quiere que nadie se pierda. Sin embargo, muchas personas no están alcanzando la salvación. Con frecuencia, el evangelismo queda sumergido bajo el peso de otras cosas. La luz del evangelio no brilla con tanto esplendor como debería. ¿Por qué? Pablo nos dice que se debe a que el «dios de este mundo» ha cegado la mente de los incrédulos (2 Corintios 4.4).

Algunos creen que no hay mucho que se pueda hacer al respecto. Pero sí lo hay. Pablo dice que «no ignoramos sus maquinaciones [de Satanás]» (2 Corintios 2.11). Dios nos ha dado el escudo de la fe y la espada del Espíritu (Efesios 6.16-17). Estamos listos para la batalla, tan pronto el Comandante y Jefe nos ordene avanzar.

Él nos ha dado ahora la orden de que nos enfrentemos a la Reina del Cielo. Este libro explicará cómo se recibió ese mandato y cómo espera Dios que su ejército se movilice para emprender la batalla.

CAPÍTULO UNO

Éfeso, ayer y hoy

La ciudad de Éfeso, en Turquía, se ha convertido en nuestros días en foco principal de atención para la Red de Guerra Espiritual. Sin duda alguna, surgirán otros puntos de enfoque significativos, a medida que nos acerquemos al trono de Dios y escuchemos atentamente su voz cuando nos hable. Por ahora, Turquía estará en el centro del escenario. Durante muchos años, los cristianos de todo el mundo han estado orando que la bendición de Dios se derrame en Turquía y su pueblo. Turquía es tierra hermosa, joya de la creación de Dios. La fe cristiana tiene profundas raíces en Turquía. Nuestro deseo es ver que se cumpla plenamente el propósito de Dios con aquella tierra, y por eso estoy abogando para que se incrementen nuestras oraciones por Turquía, tanto en cantidad como en fervor, y que proclamemos el profundo amor de Dios por los turcos.

¿Por qué es Turquía, y en particular la ciudad de Éfeso, tan importante en esta encrucijada de la historia? Con el fin de explicarlo, demos una mirada a la Éfeso de ayer, y después a la Éfeso actual.

Éfeso ayer

En el pasado, Éfeso fue el centro mundial del cristianismo. En los días de los apóstoles, Éfeso era la tercera ciudad más grande del Imperio Romano, que hacía alarde de su población de 250.000 personas. Roma y Alejandría eran más grandes. Era una ciudad hermosa, con sorprendentes obras de arte y arquitectura, que han sido restauradas en gran parte por arqueólogos modernos. Era una ciudad portuaria, con un comercio pujante y lucrativo. En cada puerta de entrada a la ciudad había una casa con baños públicos, y a nadie se le permitía entrar sin haberse bañado completamente. Éfeso era centro de educación, con escuelas, bibliotecas y salones de conferencias. Los hogares de los ricos estaban acondicionados con tubería interior para que hubiera en ellos agua caliente y fría. Había un hospital en las cercanías del centro de la ciudad. En el impresionante anfiteatro, al aire libre, se podían acomodar 25.000 personas sentadas, quienes podían escuchar las voces del escenario sin necesidad de amplificación.

El apóstol Pablo fue el misionero que Dios escogió para llevar el Evangelio de Cristo a Éfeso, en aquel tiempo ciudad capital de la provincia romana del Asia Menor. En Éfeso, Pablo vio más fruto de su trabajo que en cualquier otro lugar que haya visitado durante sus viajes como misionero. El Libro de los Hechos informa que «[Pablo predicó el reino de Dios] por espacio de dos años, de manera que todos los que habitaban en Asia, judíos y griegos, oyeron la palabra del Señor Jesús» (Hechos 19.10); y mientras Pablo estuvo allí, «prevalecía poderosamente la palabra del Señor» (Hechos 19.20). Es como si un misionero llegara a Chicago y dos años más tarde pudiera decir: «¡En todo el estado de Illinois se ha escuchado el evangelio!»

Guerra espiritual y milagros extraordinarios

¿Qué estuvo haciendo Pablo durante esos dos años? Básicamente estuvo involucrado en una guerra espiritual, en la que puso en práctica lo que John Wimber luego llamaría «evangelismo de poder». Se desató tanto poder sobrenatural a través de Pablo y otros, que «hacía Dios milagros extraordinarios por mano de Pablo» (Hechos 19.11). ¡Me encanta leer esas palabras! Parece que había tanto poder que fue necesario hacer una distinción entre los milagros «ordinarios» y los «extraordinarios». Hoy, estamos viendo cosas similares en lugares como China y Argentina.

Existen tres niveles importantes de guerra espiritual, y los tres se dieron en Éfeso. El primero, es el *nivel superficial de guerra espiritual*, que se concentra en sacar demonios de algunos individuos. Esto es lo que Jesús mandó que hicieran sus discípulos cuando los envió diciendo: «Y yendo, predicad, diciendo: El reino de los cielos se ha acercado. Sanad enfermos, limpiad leprosos, resucitad muertos, echad fuera demonios» (Mateo 10.7-8).

Normalmente, Dios sana a los enfermos y echa fuera demonios cuando los cristianos ministran directamente a las personas, imponiendo manos sobre ellos, ungiéndoles con aceite y orando por sus necesidades específicas. Estos son los milagros «comunes y corrientes». Sin embargo, en Éfeso había tanto poder que «hasta los pañuelos y delantales que habían tocado su cuerpo eran llevados a los enfermos, y las enfermedades desaparecían, y los espíritus malos salían» (Hechos 19.12). ¡Con razón se utiliza aquí el adjetivo «extraordinario»!

Los magos y su Hoguera

El segundo nivel es el *nivel oculto de guerra espiritual contra el ocultismo*. Esto significa que se lucha con poderes de las tinieblas mucho más coordinados y organizados que uno o unos cuantos demonios, que pueden estar afligiendo a una persona en determinado momento. Podemos pensar en términos de brujería o satanismo, adivinación o chamanismo, Nueva Era o Francmasonería, budismo tibetano u otras prácticas ocultistas.

Éfeso era un centro de magia en los días de Pablo. Según Clinton Arnold, en su excelente libro *Los efesios: Poder y magia* (Baker Books), Éfeso pudo haber sido considerado el centro de la magia en el Imperio

Romano. Habría atraído a los magos más famosos, así como a aquellos que deseaban aprender de ellos el oficio. Pablo ministró a los magos en Éfeso con resultados excelentes. Con el fin de ganar para Cristo a estos accionistas del poder, Pablo sin duda tuvo varios enfrentamientos donde demostró claramente que el poder de Dios era mayor que cualquier poder sobrenatural de oscuridad con el que tenían contacto los magos.

Leemos que «muchos de los que habían practicado la magia trajeron los libros y los quemaron delante de todos; y hecha la cuenta de su valor, hallaron que era de cincuenta mil piezas de plata» (Hechos 19.19). Cuando investigué esa suma, para mi comentario sobre los Hechos, calculé que en la economía actual de los Estados Unidos, la montaña de parafernalia mágica que se quemó tuvo un costo de alrededor de ¡4 millones de dólares!

El espíritu territorial: Diana de los Efesios

El tercero y más alto nivel es la *guerra espiritual a nivel estratégico*. Esto significa enfrentamiento a espíritus territoriales de alto rango que Satanás ha situado en un área determinada para coordinar las actividades del reino de las tinieblas, con el fin de mantener cegada la mente de las personas al «evangelio de la gloria de Cristo», como leemos en 2

Corintios 4.3-4. Pablo se refiere a esto cuando dice: «No tenemos lucha contra sangre y carne, sino contra principados, contra potestades, contra los gobernadores de las tinieblas de este mundo» (Efesios 6.12).

El espíritu territorial que gobernaba sobre Éfeso y Asia Menor era la renombrada Diana de los efesios (también conocida por su nombre griego, Artemisa). Algunos historiadores creen que ella era quizás la deidad más venerada en todo el Imperio Romano durante esa época. Su templo en Éfeso estaba en la lista de las Siete Maravillas del Mundo Antiguo; el ejemplo más sobresaliente y opulento de arquitectura en toda la ciudad. Durante todo el año se ofrecían ofrendas y sacrificios a aquel poder demoníaco. Sus seguidores la llamaban «magnífica» y «gran diosa», «salvadora» y «Reina del cielo». Antes que Pablo llegara, tenía bastante bajo control a Éfeso y sus alrededores.

Sin embargo, reinó la confusión. Los demonios que supuestamente estaban bajo su autoridad, ¡con simples pañuelos estaban siendo expulsados de las personas que habían oprimido durante años! Los magos, presumiblemente sus tropas élite, estaban desertando del reino de las tinieblas en grandes cantidades, para entrar al reino de el «Jesús» a quien Pablo predicaba. ¡Nunca antes Diana había visto algo así! Sus ejércitos se retiraban caóticamente. Estaba perdiendo rápidamente la autoridad que sobre Éfeso había mantenido por siglos.

El poder de Diana estaba siendo neutralizado por el evangelio, de tal manera que la gente común y corriente empezó a darse cuenta. Dejaron de adorarla y ofrecerle sacrificios y no volvieron a comprar sus ídolos. Cuando finalizaban los dos años de ministerio de Pablo, a los plateros que fabricaban estos ídolos se les estaba derrumbando el negocio, así que protagonizaron una manifestación pública. Llenaron el inmenso anfiteatro y gritaron durante dos horas: «¡Grande es Diana de los Efesios!» (Hechos 19.34)

LA GUERRA POR AIRE Y LA GUERRA POR TIERRA

La guerra espiritual a nivel estratégico que Pablo emprendió era similar a una guerra desde el aire en la estrategia militar moderna. Ningún comandante responsable enviaría tropas por tierra, a no ser que la guerra ya se hubiera ganado en el aire. Eso sería cometer suicidio. Por esta razón, Pablo se aseguró de que Diana hubiera sido debilitada, antes de enviar a sus sembradores de iglesias por toda la ciudad de Éfeso y las provincias de Asia Menor. Pablo no sembró personalmente iglesias en Asia Menor (siete de las cuales son mencionadas en Apocalipsis 2 y 3). Más bien capacitó a su equipo de sembradores de iglesias en la «escuela de Tirano», una edificación escolar que alquiló, y luego los envió como tropas por tierra (Hechos 19.9-10).

MUERTE DE DIANA

Cuando Pablo salió de Éfeso, Diana había sido gravemente apaleada y debilitada. Sin embargo, no estaba totalmente fuera de combate. Pablo nunca la confrontó cara a cara, ni entró en su templo para hacer directamente guerra espiritual de nivel estratégico. Los plateros lo acusaron de haberlo hecho, pero no lograron que sus acusaciones fueran aceptadas en la corte. Diana perdió mucho de su poder debido a la agresiva guerra espiritual de Pablo, en el nivel superficial y en el nivel oculto. El reino de la oscuridad está conectado entre sí, y lo que ocurre en cualquiera de los tres niveles afecta a los demás niveles y a todo el dominio de Satanás.

Dios escogió al apóstol Juan para llevar a cabo el ataque final. La historia posterior, y no el Libro de los Hechos, nos relata que unos cuantos años después de la salida de Pablo, Juan se trasladó a Éfeso y terminó allí su carrera. Ramsay MacMullen, un reconocido historiador y profesor en la Universidad de Yale, nos ofrece algunos detalles interesantes acerca del ministerio de Juan en Éfeso, en lo referente a la guerra espiritual a nivel estratégico. MacMullen, quien es especialista en la historia del Imperio Romano, ha escrito un tratado erudito llamado *La cristianización del Imperio Romano, años 100-400 d.C.* (Yale University Press). En este escrito argumenta que el factor principal en la conversión del Imperio Romano al cristianismo fue la expulsión de demonios. En su libro da muchos ejemplos de guerra espiritual.

Uno de ellos corresponde a la historia del apóstol Juan y su enfrentamiento cara a cara con Diana de los efesios. MacMullen, citando fuentes históricas, dice que Juan, a diferencia de Pablo, sí fue al templo de Diana para hacerle guerra espiritual. Según él, «en el propio templo de la mismísima Diana, [Juan] oró, "Oh Dios . . . ante cuyo nombre todo ídolo, todo demonio y poder inmundo huyen: haz ahora que el demonio que está aquí [en este templo] huya ante tu nombre » . . . Y mientras Juan estaba diciendo esto, de repente el altar [de Diana] se partió en muchos pedazos . . . y la mitad del templo se cayó» (página 26).

En su libro *La Acción del Espíritu Santo en la Historia,* el Dr. Pablo Deiros dice que el choque de poderes y la guerra espiritual es también testificada por los escritos apócrifos. En los *Hechos de Juan* se narra un interesante episodio en el ministerio de este apóstol, cuando el poder de Dios destruyó el templo de Artemisa (Diana para los romanos) en Éfeso. En su oración Juan declara:

Oh Dios, quien eres Dios por sobre todos los que se llaman dioses; y no obstante eres rechazado hasta este día en la ciudad de los efesios; quien me pusiste en la mente venir a este lugar, del cual nunca pensé; quien condena toda forma de adoración, convirtiendo a los hombres a ti; a cuyo nombre todo ídolo huye, y cada demonio y todo poder inmundo; ahora haz que a tu nombre huya el demonio que está aquí, el engañador de esta multitud; y muestra tu misericordia en este lugar, porque ellos han sido extraviados (E. Hennecke y W. Schneemelcher, eds., *New Testament Apocrypha*, 2 Vols. Lutterworth Press, Londres, 1963,1965).

Mientras Juan estaba diciendo esto, el altar de Artemisa se rompió en pedazos, y todas las ofrendas se cayeron por el piso al igual que varias otras imágenes que estaban sobre el altar. Casi medio templo se vino abajo y un sacerdote murió al desplomarse parte del techo. El resultado fue un gran temor y la conversión de todos los presentes

Mac Mullen sigue diciendo que este encuentro de poderes trajo a multitudes de Éfeso a la fe en Cristo. Luego hace comentarios, como historiador profesional, sobre por qué cree que éste y otros episodios en la evangelización del Imperio Romano deben ser aceptados como históricamente válidos.

Más o menos unos cincuenta años después de este suceso, casi nadie en el Imperio Romano adoraba ya a Diana. Su culto quedó reducido a una mera sombra de lo que había sido antes que Pablo y Juan fueran a Éfeso. La ciudad de Éfeso se convirtió en el centro mundial del cristianismo durante los siguientes doscientos años.

Éfeso hoy

En agosto de 1997, Doris y yo hicimos nuestro primer viaje a Turquía, como parte de la iniciativa de

Oración por la Ventana III, la cual ayudábamos a coordinar. Dios había puesto en nuestros corazones que escogiéramos a los turcos como el grupo de personas aún no alcanzadas por los cuales íbamos a concentrar nuestras oraciones. Este era un terreno nuevo para nosotros, ya que teníamos muy poco conocimiento previo de Turquía y no teníamos amigos allí.

Estuvimos complacidos con lo que encontramos. Turquía es un país hermoso, con una historia más extensa que muchas naciones del mundo. Algunos dicen que el Jardín del Edén estuvo ubicado en Turquía, y bien podría ser el caso. Las personas son amistosas, hospitalarias, fáciles de tratar y trabajadoras. Comprendimos por qué Turquía era uno de los destinos turísticos preferidos por los europeos para pasar sus vacaciones. Cuando regresamos del viaje, sentimos el deseo de volver nuevamente.

La mayoría de los turcos son musulmanes y poseen una lealtad innata hacia su fe. El gobierno turco es secular y se resiste firmemente a los intentos de los fundamentalistas islámicos de imponer el tipo de sociedad cerrada que se encuentra en muchas tierras del Oriente Medio. Los turcos no son árabes, ni quieren serlo. Quieren ser parte de la Unión Europea. Las iglesias y escuelas cristianas, así como las librerías y peregrinajes religiosos, son permitidos. Los turcos tienen libertad para convertirse al cristianismo si así lo desean. Hoy en día existen en Turquía aproximadamente unos quinientos creyentes nacidos de nuevo. Es verdad que alguna que otra legislación restringe las formas de la evangelización y prohíbe la distribución pública de literatura, pero ésta se aplica tanto a cristianos como a no creyentes por igual. Los cristianos que desobedecen intencionalmente estas leyes reciben castigo.

La Diosa luna

Mientras estuvimos en Turquía, aprendimos algo de lo cual no estábamos al tanto anteriormente: la gran influencia que ha ejercido por milenios la Diosa Luna (referida a veces en la literatura como el «Dios Luna» masculino) sobre los pueblos del Oriente Medio. Los poderes espirituales que se mueven tras la adoración de la luna, bien sea que estén personificados como masculinos o femeninos (no se sabe si las distinciones humanas de género tienen paralelos entre los seres angélicos), han estado más profundamente implantados en muchas culturas del Oriente Medio (así como en muchas culturas fuera del medio oriente), de lo que pensábamos. El símbolo de la Diosa Luna es la luna creciente.

¿Tuvo algo que ver la Diosa Luna con Diana de los efesios? Muchas veces vi fotografías de la estatua de Diana con sus múltiples pechos, ¡pero fue durante aquella visita a Turquía cuando me di cuenta que su collar es la luna creciente! En la historia bíblica hay referencia a la Diosa Luna. Tanto Ur de los caldeos, de donde provenía la familia de Abraham, como Harán, donde Abraham vivió hasta que murió su padre, fueron ciudades gobernadas por la Diosa Luna, Sin.

La familia de Abraham adoró a la Diosa Luna, ¡así que no sería una exageración suponer que Abraham mismo se convirtió de la Diosa Luna a Yahvé!

La Reina del Cielo

El principado de oscuridad que se manifiesta tanto en forma de la Diosa Luna y Diana de los efesios es la Reina del Cielo. Uno de los nombres de Diana era «Reina del cielo». ¿Quién es la Reina del Cielo?

Es posible que el único lugar en la Biblia donde Dios dice enfáticamente a sus seguidores que *no* oren por otro pueblo es Jeremías 7.16. «Tú, pues, no ores por este pueblo, no eleves por ellos clamor ni oración, ni me ruegues, porque no te oiré». Ésta es una declaración extraordinaria que refleja una situación en la cual parece que el atributo de ira de Dios está por encima de su atributo de misericordia. Algo realmente malévolo debió estar ocurriendo para provocar una respuesta así. ¿Qué es?

Tiene que ver con la Reina del cielo. «Los hijos recogen la leña, los padres encienden el fuego y las mujeres amasan la masa para hacer tortas a la reina del cielo» (Jeremías 7.18). Familias enteras, hombres, mujeres y niños, participaban en la adoración de este espíritu terrestre, inmundo y maligno. Dios continúa diciendo que lo hacen «para provocarme a ira». Un pasaje aún más largo se encuentra en Jeremías 44, donde los judíos en Egipto estaban «[quemando] incienso para ofrecer a la reina del cielo y derramarle libaciones» (Jeremías 44.17). Dios demanda: «¡No hagáis esta cosa abominable que yo aborrezco!» (Jeremías 44.4).

De hecho, los judíos en Jerusalén y Judá habían estado haciendo eso mismo, razón por la cual Dios los envió a setenta años de cautividad en Babilonia (esto se explica en Jeremías 44.2-3).

La gran ramera sobre las muchas aguas

Debido a que Él es un Dios que no quiere que ninguno perezca (2 Pedro 3.9), mi hipótesis es que su aborrecimiento de la Reina del Cielo se debe a que ella es el principado demoníaco bajo Satanás que más mantiene a los incrédulos en la oscuridad espiritual. Bien podría ser que actualmente haya más personas en el infierno debido a la influencia de la Reina del Cielo que por cualquier otra influencia espiritual.

La Reina del cielo es «la gran ramera, la que está sentada sobre muchas aguas» de Apocalipsis 17. ¿Qué son las «aguas»? «Las aguas que has visto, donde se sienta la ramera, son pueblos, muchedumbres, naciones y lenguas» (Apocalipsis 17.15).

¿Por qué es que tantos pueblos no alcanzados han sido impenetrables a la gran bendición que Dios desea derramar sobre ellos y sus naciones? Se debe al poder de engaño de la Reina del Cielo. ¡Ha llegado el tiempo de tomar acción espiritual!

CAPÍTULO DOS

¿CÓMO DEBERÍAMOS RESPONDER?

Cuando Pablo salió de Éfeso, la iglesia que dejó atrás estaba prosperando, y no se trataba de una iglesia céntrica y cosmopolita como podríamos pensar, sino de un sinnúmero de iglesias hogareñas dispersas en toda la ciudad y a lo largo de la provincia de Asia Menor. Los principados y potestades de oscuridad habían sido repelidos y el reino de Dios estaba profundamente arraigado en el área.

Cerca de cinco o seis años más tarde, desde una prisión romana, Pablo escribió su carta dirigida a los creyentes en Éfeso. No debería sorprendernos que la Epístola de Pablo a los Efesios tuviera en su contenido un porcentaje más alto de términos relacionados con el poder que cualquier otro libro en el Nuevo Testamento. La guerra espiritual continuaba, aquella que había contribuido a que la iglesia echara raíces. En esa época, Timoteo había ido a ejercer un ministerio en Éfeso, y esa es la razón por la que Pablo escribe a Timoteo cosas como: «milites la buena milicia» (1 Timoteo 1.18); «pelea la buena batalla» (1 Timoteo 6.12); «sufre penalidades como buen soldado de Jesucristo» (2 Timoteo 2.3); y «ninguno que milita se enreda en los negocios de la vida» (2 Timoteo 2.4). Poco tiempo después que Timoteo se fue, Juan visitó Éfeso y ya hemos visto un poco de la guerra espiritual en que participó, especialmente en el templo de Diana.

Sin duda alguna, a medida que Pablo escribía a los efesios, por su mente estarían pasando las imágenes de las asombrosas liberaciones de poderes demoníacos a través de pañuelos, así como sus encuentros con los poderes de los magos, y el alboroto de los plateros en el inmenso anfiteatro (Hechos 19). El deseo de Pablo era que todo lo ganado mediante la guerra espiritual se conservara también por medio de la guerra espiritual. Esta es la razón por la cual, si consideramos que ahora es tiempo que batallemos una vez más contra la Reina del cielo, es de esperar que recibamos pautas importantes del libro de los efesios. Veamos lo que éste dice

La verdadera naturaleza de la batalla

Los espíritus terrenales como la Reina del Cielo no deberían estar sobre el trono espiritual de naciones como Turquía o Japón, donde gobierna como la diosa del sol; ni en México donde se le conoce como la Virgen de Guadalupe; ni en Nepal, donde es Saganata, ni en ciudades como Calcuta, donde se disfraza como Cali. Jesucristo es quien debe estar en el trono. Es solo cuando la oscuridad se expulsa que puede llegar la luz del Evangelio, para que la plena bendición de Dios se derrame sobre las naciones y sus pueblos.

Cuando Pablo escribe a los creyentes en Éfeso, les dice que está orando «que el Dios de nuestro Señor Jesucristo, el Padre de gloria, os dé espíritu de sabiduría y de revelación» (Efesios 1.17). Antes de que hagamos guerra espiritual en cualquier nivel, pero particularmente a nivel estratégico, es absolutamente necesaria la revelación. Debemos escuchar lo que proviene de Dios y permitir que Él mismo se revele a nosotros, así como su voluntad. Después necesitamos sabiduría para saber cómo interpretar lo que escuchamos y cómo actuar bajo la dirección de Dios. La revelación sin sabiduría nos puede llevar a la necedad. La sabiduría sin revelación nos puede conducir a una calle sin salida.

"Cual él no hay en la tierra"

Esta sabiduría y revelación no equivale a la sabiduría y revelación en general. Se refiere específicamente a lo que Pablo describe como «la extraordinaria grandeza de su poder para con nosotros los que creemos, según la acción de su fuerza poderosa» (Efesios 1.19). Es esencial compenetrarse con el poder de Dios. Solamente un suicida se lanzaría a la guerra espiritual confiando en sus capacidades humanas. Martín Lutero, en su magnífico himno de guerra espiritual, «Castillo fuerte es nuestro Dios», menciona al diablo y dice: «Cual él no hay en la tierra». ¡Esto es muy cierto! Solo la fuerza poderosa de Dios puede respaldarnos cuando avanzamos agresivamente contra las fuerzas de oscuridad.

¿Qué nivel de guerra espiritual tiene Pablo en mente cuando escribe a los efesios? Les dice que Jesús está a la diestra de Dios y «sobre todo principado y autoridad, poder y señorío» (Efesios 1.21). Sin duda alguna, Pablo está pensando en Diana de los efesios y los sacrificios diarios que se realizaban en su templo. Jesús es superior a Diana y a todos los espíritus terrenales similares, independientemente de cuánto tiempo hayan gobernado a grupos de la población o a ciudades enteras. ¡Los ejércitos de Dios están siendo convocados para reafirmar el justo gobierno del Rey de reyes y Señor de señores en los niveles espirituales más altos!

Todo esto se encuentra en el primer capítulo de Efesios. A lo largo de toda la epístola, Pablo continúa poniendo en orden otros aspectos y condiciones, hasta que llega a su conclusión en el capítulo 6, donde declara entre otras cosas, que «no tenemos lucha contra sangre y carne, sino contra principados, contra potestades, contra los gobernadores de las tinieblas de este mundo» (Efesios 6.12). Claramente, se trata de una guerra espiritual en el plano estratégico.

El cuerpo recibe ordenes de la cabeza

Pablo les recuerda a los efesios que Dios ha designado a Jesús como «cabeza sobre todas las cosas a la iglesia, la cual es su cuerpo, la plenitud de Aquel que todo lo llena en todo» (Efesios 1.22-23).

Si los creyentes, en cualquier aspecto de sus vidas, anhelan encontrarse en el lugar donde Dios quiere que estén, deben sujetarse a la cabeza del cuerpo, Jesucristo. Esto se aplica a individuos en particular, pero también a la Iglesia en general y se torna extremadamente importante para una guerra espiritual efectiva.

La analogía de la cabeza y el cuerpo es tan sencilla que me sorprendo cuando encuentro a personas que no parecen captar la idea. Hagamos una aplicación empezando por nuestro propio cuerpo humano. Contamos con una cabeza y con un cuerpo. La cabeza dirige al resto del cuerpo. El cuerpo lleva a cabo la voluntad de la cabeza.

Por ejemplo, supongamos que deseo construir algo. Mi cabeza me dice que construya una casa, el tipo de casa y el lugar donde estará ubicada. Pero mi cabeza no construye la casa: es mi cuerpo el que lo hace. Mi cabeza me podría decir que preparara una comida, pero mi cabeza no prepara la comida, es mi cuerpo. Mi cabeza me dice que conduzca un automóvil, pero las cabezas no manejan.

La cabeza dice: «¡Ataca al enemigo!»

Dado que Jesús es la cabeza del cuerpo de Cristo, debemos seguir sus mandatos. Él nos dirá qué acción hay que realizar, pero no pretende realizar la acción por sí mismo, ya que Él es la cabeza. Existen por lo menos tres cosas importantes que la cabeza le está indicando al cuerpo en cuanto a la guerra espiritual, y todas se relacionan con la ciudad de Éfeso.

1. Estemos firmes contra las asechanzas del diablo.

Pablo les dice a los efesios que se vistan de toda la armadura de Dios «para que podáis estar firmes contra las asechanzas del diablo» (Efesios 6.13). Este no es un mandamiento apacible.

No es algo fácil de hacer. Es que este diablo es un ser horrendo. Pablo lo llama en la misma epístola, «el príncipe de la potestad del aire» (Efesios 2.2). A mí me cuesta entender por qué algunos líderes cristianos insisten en trivializar el poder de Satanás. Hacen referencia a él como si fuese un debilucho o un león sin dientes. Esto sólo sirve para darle coraje a las personas haciéndoles creer que pueden escapar atacando al diablo con un matamoscas.

Sospecho que al decir cosas como éstas, están comparando el poder del diablo con el de Dios, y la verdad es que no hay competencia alguna entre ellos, pero este no es el escenario actual. No somos espectadores que contemplan una pelea entre Dios y los demonios. Debemos estar firmes contra las asechanzas del diablo. La cabeza le dice al cuerpo que lo haga, y la cabeza no va a hacerlo por nosotros.

2. Participemos a la ofensiva en una guerra espiritual.

La epístola que Pablo escribió a los efesios no es la única carta que encontramos en el Nuevo Testamento. La otra carta se encuentra en Apocalipsis 2.1-7, y la escribió la Cabeza de la iglesia. Todas las siete cartas en Apocalipsis 2 y 3 las escribió Jesús a la iglesia en Éfeso y a las otras iglesias en Asia menor, fundadas por el equipo de Pablo.

En cada una de estas cartas Jesús dice: «El que tiene oído, oiga lo que el Espíritu dice a las iglesias». El único verbo tipo mandamiento, además de este que encontramos en todas las siete, es «vencer». Cada vez que se utiliza este mandato, va acompañado de una promesa extravagante. En la carta a los efesios, por ejemplo, Jesús dice: «Al que venciere, le daré a comer del árbol de la vida, el cual está en medio del paraíso de Dios» (Apocalipsis 2.7).

La palabra «vencer» que Jesús repitió siete veces es *nikao*, en el griego original. Es una palabra militar que significa «conquistar» en el griego secular. Sin embargo, según el Nuevo Diccionario Internacional de Teología Neotestamentaria, «en el Nuevo Testamento [*nikao*] casi siempre presupone el conflicto entre Dios y los poderes demoníacos que se oponen» (Tomo 1, página 650). En otras palabras, se refiere a hacer guerra espiritual.

SE ATA AL HOMBRE FUERTE

Jesús emplea la misma palabra en Lucas 11.22, cuando habla acerca de vencer (*nikao*) al hombre fuerte, refiriéndose a Beelzebú, un principado de alto rango en el orden de la Reina del Cielo. En el pasaje paralelo en Mateo se utiliza un verbo diferente y se habla de «atar al hombre fuerte» (Mateo 12.29), término usado con frecuencia por quienes estamos involucrados hoy en la Red Internacional de Guerra Espiritual.

No perdamos de vista lo importante. En siete ocasiones Jesús dice a sus seguidores que emprendan la guerra espiritual, y puede interpretarse ese tipo de guerra como guerra espiritual a nivel estratégico. Este suceso fue después de la cruz y la resurrección. Hago mención de ello porque algunos creen que la derrota que Jesús infligió a los poderes de oscuridad en la cruz (Colosenses 2.15) nos libró de toda responsabilidad de tomar nosotros la ofensiva en la guerra espiritual. Si así hubiera sido, Jesús no nos hubiera repetido siete veces, después de haber muerto en la cruz, que hiciéramos guerra espiritual. Es la Cabeza quien habla al cuerpo, y el cuerpo debe sujetarse a las órdenes de la Cabeza.

Por supuesto, Juan fue el escribano que escuchó las palabras que pronunció Jesús y las escribió en el texto que encontramos en Apocalipsis. Escribió esto durante el tiempo que pasó en la isla de Patmos, desterrado de su hogar en Éfeso, bajo la persecución del emperador romano Domiciano. Más tarde, cuando murió Domiciano, Juan regresó a Éfeso. ¿Me perdonarían los lectores por tratar de adivinar algo de lo que leemos acerca de esto en el último capítulo? Admito que no poseo pruebas, pero me parece que fue después de haber escrito acerca del «vencer» en

Patmos que Juan regresó a Éfeso y procedió a tener una confrontación de poderes en el templo de Diana de los efesios. Bien pudo haber sido este el orden cronológico.

3. Declare a los principados la sabiduría de Dios.

Pablo expresa a los efesios su deseo ardiente de que «la multiforme sabiduría de Dios sea ahora dada a conocer por medio de la iglesia a los principados y potestades en los lugares celestiales» (Efesios 3.10). Este es otro de los mandatos que la Cabeza da al cuerpo, y dice explícitamente que la iglesia debe hacer esta declaración a las potestades que se encuentran en el mundo invisible. Hay varias interpretaciones en cuanto a qué significa esto con exactitud, pero una de ellas es que debemos declarar el evangelio del Reino de Dios.

La Iglesia, a través de hechos y también verbalmente, debe recordar a los espíritus terrenales que señorean sobre lugares como Éfeso, que el Reino de Dios ha invadido el reino de la oscuridad, lo que se inició con la vida, muerte y resurrección de Jesucristo, y que el dios de este mundo no podrá seguir enegueciendo la mente de los inconversos frente al glorioso evangelio de Cristo, bien sea en Éfeso, Turquía, Japón, Nepal, Calcuta o en cualquier otro lugar. Es de esperar que este tipo de declaración de guerra despierte reacciones negativas y contraofensivas por parte de las fuerzas de maldad, y dé comienzo a la batalla espiritual.

Uno de los apóstoles sobresalientes del extraordinario Avivamiento Argentino, quien va por su decimoquinto aniversario, es el evangelista Carlos Annacondia. Prácticamente en todas sus reuniones, literalmente le declara la sabiduría de Dios al diablo y a cualquier principado espiritual que se encuentre en los alrededores. Muchas veces lo he escuchado hacer esto en voz muy alta y bajo la poderosa unción del Espíritu Santo. El título de su excelente y nuevo libro es *Oíme bien, Satanás* (Editorial Betania). Cuando se da este grito de guerra, noche tras noche, empiezan a suceder cosas. Los demonios se manifiestan y son expulsados en orden, las personas enfermas sanan milagrosamente, y los pecadores corren hacia el altar para ser salvos. Hasta el momento más de dos millones de personas han nacido de nuevo en sus campañas.

¿Otra estrofa de «kumbayá»?

Una de las razones por las cuales esto no sucede más en Norteamérica es que la iglesia ha sido demasiado pasiva. Conozco iglesias que han decidido retroceder y esperar a que Jesús haga las cosas. Algunos prefieren quedarse en el dormitorio espiritual y disfrutar de su intimidad con Dios a través de la alabanza y la adoración, en lugar de salir al campo de batalla, donde puede haber víctimas. Demasiadas iglesias están sentadas cantando otra estrofa de «Cumbayá», mientras naciones enteras permanecen bajo el control de espíritus territoriales y miles de personas mueren y van al infierno cada día. En lugar de obedecer a la Cabeza, ciertas partes del cuerpo de Cristo parecen estar esperando que la Cabeza haga el trabajo por ellas. Por lo general, no ocurre de esa forma. Obviamente, hay mucho por hacer ahora, ya que no lo hemos estado realizando en el pasado. Con el fin de hacer bien las cosas, necesitamos aquel espíritu de sabiduría y revelación que Pablo pedía en oración. ¿Qué está diciendo el Espíritu Santo a las iglesias en el día de hoy? ¿Cómo quiere dirigir la Cabeza a su cuerpo? Creo firmemente que tenemos algunas respuestas para estas preguntas cruciales.

CAPÍTULO TRES

El reto de la reina del cielo

Una de las primeras responsabilidades que tuve al recibir el nombramiento de coordinador de la Red Internacional de Guerra Espiritual en el año 1990 fue la de visitar diferentes regiones del mundo y conocer a aquellos que comprenden, por lo menos en parte, algo acerca del nivel estratégico de guerra espiritual y quiénes estaban en aquel entonces procurando practicarla en alguna medida. Ya que mucho de esto era nuevo para mí al comienzo de la década del 90, con frecuencia tomaba el rol de uno que escucha, de un aprendiz. No me tomó mucho tiempo comenzar a reconocer que un patrón claramente discernible de un continente a otro era la frecuente referencia a la Reina del Cielo.

Así es que comencé a hacer preguntas acerca de la Reina del Cielo. La Biblia nos dice que si desconocemos las artimañas del diablo, este nos tomará ventaja (2 Corintios 2.11).

¿Cuáles son las artimañas de la Reina del Cielo? Ya me estaba dando cuenta que debía ser uno de los principados más importantes bajo las ordenes de Satanás, pero, ¿cuál era su *modus operandi?* Durante varios años, lo único que pude conseguir fueron pedazos y trozos de información no relacionada. Sabía, sin embargo, que algún día Dios nos mostraría la respuesta. Ahora creo que una de las razones de que no logramos el consenso internacional es que Dios sabía que no estábamos aún preparados, y que Él mismo estaba dirigiéndonos hacia el momento preciso.

La caminata de reconciliacion

Cuando Doris y yo realizamos nuestro viaje de oración a Turquía en agosto de 1997, no teníamos ningún presentimiento de que sería algo más que la participación de nuestro grupo en la iniciativa de Oración a Través de la Ventana III. Esperábamos tan solo orar pidiendo la bendición de Dios sobre el pueblo turco y luego regresar a casa. Habíamos tomado nuestro tiempo de vacaciones para realizar esto, así es que también planeamos unos días para descansar. No habíamos prestado atención ni pensado ni orado con respecto a temas relacionados con la Reina del Cielo antes de partir. Había sentido, sin embargo, que debíamos hacer reservaciones en el hotel Izmir antes de salir para poder orar en Éfeso y Pérgamo.

Pero ya en el camino, planeamos detenernos en Estambul durante unos días para motivar a los intercesores y orar con quienes estaban participando en la Caminata de Reconciliación. Ahora veo que dicha Caminata fue un factor principal en el tiempo de Dios para confrontar a la Reina del Cielo.

La Caminata de Reconciliación, una visión que se originó con Lynn Green de la *YWAM*, es la expedición de oración más masiva de la década. El diseño es muy sencillo: movilizar a intercesores cristianos a que caminen todas las rutas conocidas de la Primera Cruzada con un solo tema en la agenda: arrepentirnos o más bien, pedir perdón a los musulmanes y judíos por los pecados que nuestros antepasados cristianos cometieron contra ellos hace novecientos años en aquellas cruzadas y en las cruzadas posteriores.

Perdón por las cruzadas

Nuestra memoria cristiana colectiva de las Cruzadas medievales es muy opaca. Hay la tendencia a creer que son historia antigua, hace mucho tiempo perdida y olvidada. Hemos hecho de las Cruzadas acontecimientos sin trascendencia hasta el punto de que llamamos «cruzadas» a algunos de nuestros esfuerzos evangelísticos, como si lo que hicieron nuestros antepasados hubiera sido algo benigno o incluso noble.

Los musulmanes y los judíos tienen recuerdos muy distintos de estos hechos históricos. Para ellos, las Cruzadas pudieron haber sucedido ayer. En las escuelas se enseñan estos sucesos para interpretar a los cristianos y el cristianismo, por lo menos parcialmente. Se enseña, entre otras cosas, que cuando los soldados de las Cruzadas cristianas entraron a

Jerusalén al final de la Primera Cruzada en Julio de
1099, masacraron a 30.000 civiles musulmanes in-
defensos, incluyendo a mujeres y niños a sangre fría.
Aprenden que los 6.000 judíos que vivían en Jerusalén en esos momentos huyeron a su sinagoga y se
apiñaron dentro del edificio, pensando que estarían
a salvo. Por el contrario, los cruzados trancaron las
puertas y desde afuera prendieron fuego a la sinagoga. Mientras los judíos morían quemados en aquel
holocausto del sigo XI, los soldados de las Cruzadas
cabalgaban en círculos en torno a la sinagoga, cantando himnos cristianos bajo estandartes con la cruz
bordada en su emblema, con lo que ahogaban los
gritos de los que morían.

Afortunadamente, por medio de líderes como
John Dawson y Cindy Jacobs, Lynn Green y otros,
ahora sabemos que los cristianos que vivimos hoy
podemos hacer algo al respecto. Mediante el arrepentimiento identificativo, si nos humillamos, oramos, buscamos el rostro de Dios y abandonamos
nuestros malos caminos, tal como leemos en 2 Cró-
nicas 7.14, las heridas del pasado pueden sanar. La
Caminata de Reconciliación tiene como objetivo dar
un paso gigante en esta dirección. No hay nada que
impida tanto la bendición completa de Dios sobre los
musulmanes como la fortaleza espiritual enemiga a
que dieron lugar las Cruzadas. La Caminata de Reconciliación, mediante actos públicos de humildad y
arrepentimiento, busca irrumpir y quebrantar esta
fortaleza de oscuridad.

Tuve el privilegio de estar en Colonia, Alemania, el domingo de resurrección de 1996, para ayudar con el primer grupo de intercesores comisionados para celebrar la Caminata de Reconciliación. Aquel era el novecientos aniversario del día en que Pedro el Ermitaño había conducido a sus tropas en aquella Primera Cruzada. Nuestra visita a Estambul en 1997 ocurrió a la mitad de la expedición. Doris y yo esperábamos estar presentes para recibir a los intercesores cuando terminaran en Jerusalén en Julio de 1999.

El mensaje vía fax de Alicia Smith

Antes de salir para Estambul, Doris y yo no sabíamos cómo debíamos orar en Éfeso y Pérgamo. De repente, recibimos inesperadamente un mensaje vía fax, enviado al hotel por Alicia Smith, nuestra intercesora principal quien vive en Houston, Texas. Alicia forma parte de un círculo íntimo de veintidós intercesores personales que oran fervientemente por Doris y por mí. Además, escuchan con frecuencia mensajes del Señor para nosotros. Me gusta decir que yo mismo escucho a Dios, ¡pero la mitad de las veces requiero de ayudas como las que prestan los aparatos auditivos! En esta ocasión, Alicia fue la ayuda auditiva espiritual.

Alicia nos dijo, según recuerdo, que había estado orando por nosotros entre las 2 y las 5 de la madrugada. Esto no era inusual, ya había ocurrido antes. Pero esta vez, el Señor le mostró que Doris y yo íbamos a orar al templo de Diana en Éfeso y en el trono de Satanás (Apocalipsis 2.13) en Pérgamo. Así lo hicimos. Contratamos a un guía turístico y oramos en Éfeso, una mañana, y aquella misma tarde en Pérgamo, siguiendo las instrucciones que Dios nos había dado por medio del fax.

Alicia dijo, con base en Apocalipsis 2.17, que mientras yo estuviera en Pérgamo iba a recibir maná escondido, una piedra blanca y un nuevo nombre. La piedra blanca se encuentra en este momento en mi estudio en Colorado Springs. Creo saber cuál es el nuevo nombre, pero no lo debo decir a nadie, de acuerdo con la Escritura. Sin embargo, lo más significativo es que ella dijo que el «maná escondido» sería la nueva señal de una *revelación relacionada con un paso importante hacia la evangelización mundial.* Doris y yo tomamos aquello literalmente, así que estábamos preparados para recibir cualquier instrucción que el Señor nos diera en aquel recorrido. ¡La importancia de este viaje de oración adquirió un nuevo significado!

¡Electricidad espiritual en Éfeso!

Nuestra primera visita fue a Éfeso. Recorrimos la ciudad antigua. Cuando llegamos al templo de Diana solicitamos a nuestro guía musulmán que nos dejara recorrer el lugar a nosotros solos, ya que deseábamos hacer unas oraciones cristianas. El área del templo está en ruinas y no ha sido restaurada como lo han sido muchas otras partes de la antigua Éfeso. Había muy pocos turistas alrededor.

Cuando cruzamos el límite del lugar donde estaba el templo propiamente, ¡el cuerpo de Doris se llenó de electricidad! Durante años ella ha tenido un ministerio de liberación demoníaca, por lo que ha desarrollado una sensibilidad por encima del promedio respecto a situaciones como aquella. No había duda alguna. «¡La potestad todavía está aquí!», dijo ella. Pensamos que era extraño, ya que el altar de Diana no se utilizaba en la actualidad para rendir culto, ni hacer sacrificios, ni ninguna otra cosa. Más tarde llegamos a creer que el punto central de la potestad probablemente no está exactamente en las ruinas del templo, sino en un sitio cercano del que hablaremos más adelante.

Cuando oramos en el trono de Satanás (el altar de Zeus) en Pérgamo, Doris no sintió la misma presencia de los poderes de las tinieblas. Quizás esto se debe a que el altar había sido trasladado a Alemania, para ser reconstruido en el Museo de Pérgamo en Berlín. Se dice que Hitler obtuvo de ese altar gran parte del poder oculto que empleó para crear el Tercer Reich.

María la madre de Jesús, en Éfeso

Cuando el apóstol Juan viajó a Éfeso, fue con María la madre de Jesús. Mirando desde la cruz, Jesús le había dicho a María: «Mujer, he ahí a tu hijo». Luego le dijo a Juan: «He ahí tu madre, y desde aquella hora el discípulo la recibió en su casa» (Juan 19.25-27). Algunos dicen que María murió. Otros dicen que fue llevada directamente al cielo como Elías. Sea como sea que haya dejado la tierra, el último lugar donde se le vio con vida fue en Éfeso.

Hasta ahí llega el recuento histórico. Ahora paso a hacerme una pregunta hipotética: «¿Y qué si...» ¿Sería posible que algo como lo que voy a plantear haya podido pasar por la mente de la Reina del Cielo? ¿Pudo la Reina del Cielo realizar hábilmente lo que George Otis Jr. denominó «una adaptación engañosa»? Consideremos lo siguiente. Después que Pablo y Juan ministraron en Éfeso, el culto a Diana decayó por completo. Éfeso se convirtió en el centro mundial del cristianismo. Desde aquel tiempo en adelante, la Reina del Cielo no tendría ya necesidad de utilizar a Diana. Sin embargo, la tarea que Satanás le había asignado consistía en mantener al pueblo en oscuridad espiritual.

Entonces, ¿será que la Reina del Cielo se preguntó si, debido a su fracaso en detener al cristianismo buscando imponerse desde afuera, no podría encontrar una forma de evitar que la gente se salvara haciendo algo desde adentro? ¿Pero cómo? En ese momento la verdadera María ya se encontraba en el cielo con su Hijo. ¿Sería posible inventarse dentro del cristianismo una María falsa que, dotada con los poderes de la Reina del Cielo, hiciera milagros y apariciones para que se le rindiera a ella la adoración que sólo se ha de rendir a Jesucristo, inclusive dentro de las iglesias cristianas? ¿Existiría la manera de transferir a la falsa María el poder que alguna vez tuvo Diana precisamente allí en la ciudad de Éfeso? ¡La gente que no siguió cayendo en la adoración a Diana quizás caería en la adoración de una María impostora!

Quiero dejar en claro que utilizo las expresiones «falsa María» o «María impostora» para distinguirla de la verdadera María, la madre de Jesús. La verdadera María es bendita entre todas las mujeres, tal como el ángel Gabriel lo declaró en Lucas 1.28. Nunca ha habido ni habrá otra mujer que la iguale. Debido a que Dios la favoreció a tan alto nivel, también debemos favorecerla y honrarla. Ella está ahora en el cielo con su Hijo. La Biblia no nos ofrece detalles acerca de lo que puede estar haciendo, pero bien puedo creer que está aterrada de los daños que la Reina del Cielo ha hecho aquí en la tierra, al cumplir la tarea que le asignó Satanás de hacer que las personas permanezcan ciegas a Jesús y a su amor.

La madre de Dios

A medida que avanzó la historia, el centro del cristianismo se trasladó gradualmente de Éfeso a Roma y a Constantinopla. Cuando esto ocurrió y el emperador Constantino declaró cristiano al Imperio Romano, la María impostora empezó a ser enaltecida más y más en el centro de la liturgia y la adoración cristiana. Esto llegó hasta el punto en que la iglesia en

Roma decidió declarar oficialmente que María era la «Madre de Dios».

¿Cómo pudo lograrse esto? Regresemos a la misma ciudad de Éfeso. En el año 431 después de Cristo, se llevó a cabo el llamado Concilio Ecuménico de Éfeso. El Concilio de Éfeso declaró que María era la *Theotokos*, la Madre de Dios. El dogma permanece hasta el día de hoy en la iglesia romana.

Adoración de ídolos en Éfeso

En Éfeso se construyó un santuario para albergar al ídolo de la María impostora. Ahora bien, mientras que relativamente se adora poco el altar de Diana de los efesios, al ídolo de María se le adora activamente los 365 días del año, con velas, ofrendas florales y otras cosas. Los devotos hacen venias y se arrodillan, la honran y le oran como si de alguna manera transmitiera sus oraciones a Jesús. No se les ocurre que la Reina del Cielo puede estar rondando para hacer un corto circuito con esas oraciones. Este santuario idolátrico es presumiblemente el sitio físico donde se ubica actualmente la potestad que Doris sintió en Éfeso.

Hace unos cuantos años, cuando Doris y yo hicimos un recorrido por el Vaticano en Roma, nos fue difícil entender por qué una estatua de Diana de los efesios, a escala humana, estaba ubicada en una sala del Vaticano, al lado de estatuas de santos cristianos. Después de haber visitado Éfeso, creemos tener una mejor idea del porqué.

María es llamada reina del cielo

Es interesante que muchas de las ilustraciones de la Virgen María la muestran de pie sobre la luna creciente, o con la luna creciente alrededor de su cabeza. En otras se coloca una corona en su cabeza, y uno de sus nombres oficiales es Reina del Cielo. Por ejemplo, pocas personas saben que el nombre completo original en español de la ciudad de Los Ángeles es «Ciudad (*Pueblo*) de nuestra Señora, Reina de los Ángeles. Algunos se refieren a Los Ángeles como «la ciudad de los ángeles. Sin embargo, sería más preciso reconocerla como la «ciudad de la reina de los ángeles», más conocida como la Reina del Cielo.

Cualquiera puede adivinar qué tan lejos va a llegar la exaltación de esta María impostora que trabaja con el poder de la Reina del Cielo. Muchos quedaron impresionados cuando en la revista *Newsweek* del 25 de Agosto de 1997, se informó que en los últimos cuatro años el Papa ha recibido casi cuatro millones y medio de peticiones firmadas para que se declare oficialmente que la Virgen María es corredentora con Cristo. Cuando el Papa visitó a Cuba en 1998, coronó al ídolo de la Virgen de la Caridad y la declaró Reina de Cuba. Resulta que este es exactamente el ídolo que adoran los practicantes de la religión satánica cubana conocida como *Santería*.

Si la cabeza, Jesús, le está diciendo al cuerpo, la iglesia, que venza (*nikao*) y rete a los poderes de las tinieblas a una guerra espiritual abierta y en el plano estratégico, ¿qué debe hacerse específicamente acerca de la situación que acaba de ser descrita?

CAPÍTULO CUATRO

La reina del cielo en Latinoamérica

Por Héctor P. Torres

Héctor P. Torres es actualmente el coordinador en Latinoamérica del Centro Mundial de Oración de Colorado Springs, Colorado, Estados Unidos. Al presente sirve como Coordinador Continental de Oración y Ayuno para el Plan Mil Días y como Coordinador entre los Hispanos de Estados Unidos y Canadá de la Red de Guerra Espiritual. Además, es autor de los éxitos literarios *Derribemos Fortalezas, Desenmascaremos las tinieblas de este siglo, Liderazgo: Ministerio y batallas, Comunidades transformadas con oración y Apóstoles y Profetas.* El 22 de julio de 1998 recibió su Doctorado de Filosofía en Relaciones Cristianas Internacionales de la Universidad Visión Internacional en Ramona, California.

La historia señala que el principio del sincretismo religioso de la Iglesia en Roma ocurrió en el año 313, cuando el emperador Constantino el Grande, recién convertido al cristianismo, deseoso de influenciar a las masas paganas del Imperio Romano declaró al cristianismo la religión oficial del estado.

En poco tiempo, millares de paganos e idólatras se vieron incorporados a la membresía de la Iglesia sin el proceso de arrepentimiento y discipulado que son los elementos fundamentales del cristianismo.

Históricamente, los moradores de una nación tratan de acomodarse al sistema religioso de su comunidad. En este caso, la Iglesia Católica Romana, deseosa de disfrutar del apoyo del poder gobernante, forjó una alianza infernal con el Imperio Romano en que apostataba de la fe dada a los padres de la Iglesia. Para llegar a las masas, la Iglesia «*cristianizó*» a los dioses del Imperio con nombres de patriarcas de la Iglesia. En cuanto a la Reina Del Cielo, que era conocida con diferentes nombre a través del Imperio, se le adaptó el nombre de María, madre de Jesús.

La Biblia claramente exhorta a los cristianos respecto a la idolatría.

Entonces les dije: cada uno eche de sí las abominaciones de delante de sus ojos, y no os contaminéis con los ídolos de Egipto. Yo soy Jehová vuestro Dios. Mas ellos se rebelaron contra mí, y no quisieron obedecerme; no echó de sí cada uno las abominaciones de delante de sus ojos, ni dejaron los ídolos de Egipto; y dije que derramaría mi ira sobre ellos, para cumplir mi enojo en ellos en medio de la tierra de Egipto.

Antes dije en el desierto a sus hijos: No andéis en los estatutos de vuestros padres, ni guardéis sus leyes, ni os contaminéis con sus ídolos.

Ezequiel 20.7-8; 18

El liderazgo eclesiástico de la Iglesia de Roma se dijo aquello de «a Dios invocando y con el César negociando». Desde ese entonces, la Iglesia ha adoptado la posición de alcanzar a los infieles y paganos dándoles la oportunidad de continuar en su idolatría y sus ritos paganos. Simplemente «*cristianiza*» sus ritos, sus fetiches y su idolatría.

Tras el descubrimiento de América por Cristóbal Colón, se inició un esfuerzo de evangelización de los indígenas paganos e idólatras. Con el anhelo de establecer un patrimonio eclesiástico en el nuevo continente, la filosofía romana del derecho de propiedad, *Ius utendi et abutendi,* se vio incorporada a la doctrina de la Iglesia en esta región.

De las religiones provenientes del judaísmo, la religión Católica Romana es la única que incorporó el culto a las imágenes y la idolatría que antes eran propios de los ritos paganos. A partir del siglo segundo, con la influencia del César y la cultura grecorromana, se introdujo la práctica de la idolatría en la Iglesia Cristiana.

A través de los siglos, la Iglesia Romana ha permitido la práctica de las costumbres religiosas tradicionales de cada región dando nombres *cristianos* a los dioses regionales. Esto es bien patente sobre todo en la adoración idolátrica de la Reina del Cielo bajo el disfraz de María la madre de Jesús. Por supuesto, todo esto en una abierta violación de los preceptos bíblicos. La Biblia, que es la Palabra de Dios, no deja lugar a duda de esto cuando dice:

No tendrás dioses ajenos delante de mí. Ni te harás ima-
gen, ni ninguna semejanza de lo que esté arriba en el cie-
lo; ni abajo en la tierra, ni en las aguas debajo de la tie-
rra. No te inclinarás a ellas, ni las honrarás porque yo
soy Jehová tu Dios.

Éxodo 20.3-5

El culto a María ha provocado un curioso fenó-
meno en Latinoamérica. La Santa Sede tiene regis-
trados más de 2800 nombres que corresponden a las
imágenes representantes de María la madre de Jesús,
conocida en todo el continente como *Madre de Dios y*
Reina del Cielo. En el tomo *Cabinet of Catholic Infor-*
mation [Gabinete de Información Católica], el Rev.
P.A. Sheenan, D.D. llama a María «Estrella de la Mañana, Madre de Dios, Reina del Cielo y Reina de los
Santos», y procede a declarar que «indudablemente la
devoción a Jesucristo va seguida de la devoción a su
Inmaculada Madre. Por esta razón, los santos de Dios
han declarado que la medida de nuestra devoción a la
Virgen María es la medida de nuestra santidad. No
podemos separar al Hijo de la Madre ... En el protes-
tantismo del presente podemos ver la gran verdad de
que aquellos que rehúsan darle este honor a nuestra
madre [el titulo de Madre de Dios] con toda seguridad
terminarán blasfemando contra el Hijo».

Hay vírgenes de todo color de piel, desde negras
hasta rubias. Algunas pobres, otras suntuosamente
vestidas en oro y piedras preciosas. En nada se parecen a la verdadera madre de Jesús, que era una joven

sencilla y piadosa, probablemente con rasgos mediterráneos. El hecho de que se trata de un paganismo cristianizado se ve en que por lo general la imagen de la milagrosa o aparecida virgen es idéntica a la imagen de la diosa que veneraban o veneran los indígenas o moradores de la región.

La historia de la Iglesia Romana está llena de milagrosas apariciones o hechos milagrosos directamente atribuidos a la Virgen María. Cada episodio ha originado un nuevo nombre, una nueva imagen, una nueva virgen y naturalmente una nueva legión de adoradores. Con el pasar de los años, la idolatría a la virgen ha tomado un matiz *criollo,* y ha sido propagada por medio de fiestas patronales, procesiones, peregrinaciones, penitencias y promesas a través del continente.

Entre las imágenes más veneradas en el continente americano están la Virgen de Guadalupe, conocida por los indígenas aztecas y toltecas como Tonantzin, Cuatlicue y Xochiquétzal; la Virgen de Copacabana, conocida por los nativos del altiplano como Virgen Pachamama, lo que equivale a Madre Tierra Virgen y adorada como Copacawana o como Ilunpaka, que significa «pura». En Colombia y Venezuela se venera a la Virgen de Chiquinquirá, también conocida como La Chinita, principalmente en la región donde los chibchas adoraban a Bachue la Diosa de los senos grandes.

Entre otros nombres de la supuesta Virgen María están Virgen de Luján, Nuestra Señora de los Ángeles

y Reina del Cielo, Virgen de la Caridad del Cobre
(que los practicantes de la santería llaman Yemayá),
Virgen de la Candelaria, Nuestra Señora de los Milagros, Virgen Milagrosa, Virgen de Urcupiña, Nuestra
Señora del Rosario de San Nicolás, María Auxiliado-
ra, Nuestra Señora de la Victoria, Virgen del Pozo,
Virgen Aparecida y una numerosa lista de diferentes
vírgenes de todo tamaño, color de piel y facciones.

En casi todas las imágenes de la Virgen se encuentra la indudable identificación de la potestad que de
verdad se oculta detrás del disfraz. Es el símbolo de la
Reina del Cielo, con su luna creciente y una corona
de estrellas.

LAS APARICIONES MILAGROSAS

A través de la historia aparentemente ha habido
asombrosos milagros y apariciones de la Virgen María que son atribuidos a su intervención divina. Las
apariciones milagrosas de la Virgen se remontan desde las de Lourdes y Fátima en el antiguo continente
hasta las de la Virgen de Guadalupe, en México; la
Virgen de Copacabana, en el altiplano boliviano; o,
la más reciente, la Virgen del Rosario en San Nicolás,
Argentina.

Indudablemente, la religión prevaleciente en el lugar tiene mucho que ver con la figura *virginal* que
después se idolatra. Es así como debido a una milagrosa aparición a un indígena justamente en el sitio
donde se le adoraba a Tonantzin, hoy se adora la

diosa de los aztecas como la Virgen de Guadalupe. Esta leyenda, ya desmentida aún por el vicario de la misma Basílica de Guadalupe en Ciudad de México, continua siendo propagada por la Iglesia Católica a todos sus fieles.

Según la autora Tereza Guisert de Mesa en su libro *Iconografía y Mitos indígenas en el Arte*, «la identificación Virgen María–Pachamama es evidente, con lo que su vigencia se mantiene hasta el día de hoy. Una forma de esa simbiosis es la relación Virgen–Cerro que se basa en los planteamientos de Ramos y Calancha. En su afición al jeroglífico y al enigma, muy propia de la época, ambos hacen una serie de símiles basados en las Escrituras por medio de las cuales llegan a identificar a María con la montaña (el Cerro Potosí) y a su vez con la piedra (preciosa) ... Más tarde el padre agustino Antonio de Almeida *convertía* a la cristiandad de los urisayas y los aransayas convenciéndolos de la *necesidad* de tener una Virgen Santísima semejante a la Madre Tierra (Pachamama), y estos aceptaron la proposición religiosa. Desde entonces es venerada por los habitantes del altiplano como La Virgen de Copacabana.

En 1984, el padre Carlos Pérez, párroco de la catedral de San Nicolás en Argentina, comenzó a divulgar mensajes que supuestamente la Virgen María dio a una mujer llamada Gladys Quiroga de Motta. Los dos temas principales de las supuestas conversaciones de la aparecida eran que se le honrase y se le festejara a ella junto con su hijo, y el otro era de que se le construyera un templo. En esa apariciones (ocurridas el 9 de noviembre de 1983, el 5 y el 19 de febrero , el 22 de Abril, el 25 de septiembre, el 11 y el 23 de noviembre de 1984) la Virgen se aparece para pedir una casa. Ya para 1986 las peregrinaciones en San Nicolás eran numerosas y continúan aumentando. Durante todo este tiempo, el cura Carlos Pérez ha impedido que la prensa local o nacional hable con la señora Gladys Motta. Nadie puede verla, y menos, hablar con ella. Solamente una revista ha podido entrevistar a la supuesta afortunada de las apariciones después de un acuerdo especial con el sacerdote, quien estuvo presente para intermediar con la prensa. El firme manejo de los fieles y de la prensa por el clero católico ante algo tan grande da a cuestionar la autenticidad de los hechos. Desafortunadamente, cientos de miles de esperanzados fieles que han querido ser parte de algo divino y celestial han sido manipulados para caer en tan vil engaño, el cual por lo demás ha sido una gran bendición económica para la parroquia.

Para volver a destronar la potestad de la Reina del Cielo y en particular su influencia sobre el mundo hispanohablante, el ministerio *Global Harvest Ministries* convocó un ataque masivo de intercesión a nivel territorial bajo el nombre *Operación Palacio de la Reina* o *Celebración Éfeso*.

El 1 de Octubre de 1999, más de seis mil intercesores y líderes de nivel mundial nos congregamos en el famoso anfiteatro de Éfeso, y por un período de cuatro horas oramos y entronamos a Jesús de

Nazaret. Fue un tiempo histórico en el cual se oró al Señor en más de quince diferentes idiomas y donde Ana Méndez de México, Paco García de España y Héctor Torres de Colombia entre otros dirigieron a la multitud en oración para romper las ataduras de la Reina del Cielo sobre el mundo entero.

Numerosas cosas han ocurrido desde que esto ocurrió. Entre otras, el abad de la Basílica de Guadalupe en Ciudad de México públicamente desmintió la supuesta aparición de la llamada Virgen de Guadalupe, y declaró la existencia de documentos que prueban que la aparición fue simplemente una invención del sacerdocio misionero para cristianizar al pueblo indígena de esa época.

En el próximo capítulo daremos una explicación mas detallada de la Reina del Cielo bajo la supuesta identidad de María la madre de Jesús.

Lamentablemente, el cristianismo en práctica en Latinoamérica hoy día es un sancocho criollo. Es una mezcla de cristianismo con las religiones practicadas por los indígenas y los esclavos africanos. En los últimos años, a esta mezcla se le ha añadido la influencia de la Nueva Era, un poco de chamanismo, otro poco de santería y, últimamente, una dosis de budismo.

Conozco un creciente número de llamados católicos que se consideran cristianos, pero que no son discípulos de Cristo y ahora practican el yoga y la meditación trascendental, y son fervientes seguidores del Dalai Lama o de yogas hindúes.

CAPÍTULO 5

¿Quién es María?

Por James E Mumper y Héctor Torres

La madre de Jesús

Además de las muchas reliquias, señales, y visiones que abundan en el mundo hoy día, encontramos una multitud de nombres que se refieren aparentemente a una sola persona. Entre esos nombre encontramos Virgen Bendita, Madre de Dios, María Inmaculada, María, Mediatriz de Toda la Gracia, Nuestra Señora Bendita, Madre Virgen, Reina del Cielo y Madre de la Iglesia.

Son doce nombres para una sola persona. En la Biblia encontramos sólo un nombre de la madre de Jesús: María. A veces se le llama también madre de Jesús o madre de Santiago y José, etc., para evitar la confusión con las otras María. Desde que se escribió la Biblia, la sencillez de María se ha visto complicada con todos esos nombres grandiosos. Alguien ha cambiado la Palabra de Dios, aunque la Biblia dice que no debemos añadirle ni quitarle nada (Deuteronomio 4.2), pues sus escritores fueron santos hombres de

Dios que hablaron inspirados por el Espíritu Santo (2 Pedro 1.21).

Como notamos anteriormente en este estudio, las reliquias, las señales y las visiones más nuevas han puesto el nombre de Cristo en el fondo, mientras han emergido todos esos nuevos nombres de María. ¿Hay una conexión entre el aumento de la mariología y la desaparición del nombre de Jesucristo? Tenemos que regresar a las Escrituras para determinar si se pueden justificar algunos de esos nombres.

La virginidad de María

Según las Escrituras, María era virgen cuando nació el niño Jesús. «Al sexto mes el ángel Gabriel fue enviado por Dios a una ciudad de Galilea, llamada Nazaret, a una virgen desposada con un varón que se llamaba José, de la casa de David; y el nombre de la virgen era María. Entrando el ángel en donde ella estaba, dijo: ¡Salve, muy favorecida! El Señor está contigo .... Y ahora concebirás en tu vientre, y darás a luz un hijo, y llamarás su nombre Jesús. Este será llamado Hijo del Altísimo ... Entonces María dijo al ángel: ¿Cómo será esto? Pues no conozco varón. Respondiendo el ángel le dijo: El Espíritu Santo vendrá sobre ti, y el poder del Altísimo te cubrirá con su sombra; por lo cual también el Santo Ser que nacerá, será llamado Hijo de Dios». (Lucas 1.26-35).

De ese pasaje aprendemos que María era la prometida de José y que era virgen en ese momento. Su embarazo fue un milagro del Espíritu Santo para que el niño no fuese hijo de ningún hombre sino Hijo de Dios.

Se confirma la virginidad de María en otro pasaje, Mateo 1.18-25, donde leemos que José «no la conoció hasta que dio a luz a su hijo primogénito (versículo 25). Esto implica que la virginidad de María fue temporal, lo que se confirma en otro pasaje que menciona los nombres de los otros hijos de María (Marcos 6.3). Así que María no quedó virgen (tampoco tenía por qué quedarse así) y no merece esos nuevos nombres de Virgen.

María bendita

Sin embargo, el nombre «bendita» es propio para María. Según la Biblia, el ángel Gabriel saludó a María con estas palabras: «El Señor es contigo, bendita tú entre las mujeres». Y en su Magnificat, bajo la unción del Espíritu Santo, María dijo: «Engrandece mi alma al Señor; y mi espíritu se regocija en Dios mi Salvador. Porque ha mirado la bajeza de su sierva; pues he aquí, desde ahora me dirán bienaventurada todas las generaciones» (Lucas 1. 46-48). También, cuando María visitó a su prima, Elisabet, el Espíritu Santo llenó a Elisabet para que dijese a María: «Bendita tú entre las mujeres, y bendito el fruto de tu vientre ...Y bienaventurada la que creyó, porque se cumplirá lo que le fue dicho de parte del Señor» (Lucas 1.42-45). Así que María verdaderamente es bendita y lo será por todas las generaciones.

Retratos más recientes de María

Madre de Dios. Algunos de los nombres de María implican que es exaltada por encima de los demás mortales, y aún por encima de Jesucristo. El título «Madre de Dios» es un ejemplo de esa insensatez. Dios fue Dios antes de que Adán fuese creado. ¿Cómo puede ser María la madre de Dios? Oiremos más de esto más tarde.

Madre de la Iglesia. De igual manera, María ha sido llamada Madre de la Iglesia. La Iglesia nació en el día de Pentecostés cuando «de repente vino del cielo un estruendo como de un viento recio que soplaba, el cual llenó toda la casa donde estaban sentados; y se les aparecieron lenguas repartidas, como de fuego, asentándose sobre cada uno de ellos. Y fueron todos llenos del Espíritu Santo y comenzaron a hablar en otras lenguas, según el Espíritu les daba que hablasen» (Hechos 2.2-4). Y ¿dónde estaba María? Orando con los discípulos. Dice la Biblia que perseveraban unánimes en oración y ruego con las mujeres, y con María la madre de Jesús. Y con sus hermanos» (Hechos 1.14). María fue parte de la nueva iglesia, pero no fue su madre.

Mediatriz. María ha sido declarada como mediatriz entre Dios y los hombres, pero la Biblia nos dice que «hay un solo Dios, y un solo mediador entre Dios y los hombres, Jesucristo hombre, el cual se dio a sí mismo en rescate por todos» (2 Timoteo 2.5-6). Jesús murió crucificado, María no.

Concepción Inmaculada. Según esta enseñanzas, de cierta manera María fue concebida sin pecado. Las Escrituras, sin embargo, enseñan que «todos pecaron, y están destituidos de la gloria de Dios» (Romanos 3.23). El único que nació sin pecado y permaneció así fue Jesucristo. María misma sabía que era pecadora y necesitaba al Señor, cuando dijo: «Engrandece mi alma a mi Señor y mi espíritu se regocija en Dios mi Salvador» (Lucas 1.46).

Reina del Cielo. Hay una enseñanza, propuesta recientemente por algunos líderes de la Iglesia Católica Romana, según la cual el cuerpo de María no vio corrupción, sino que ascendió corporalmente al cielo, para coronarse «Reina del Cielo», y que está sentada a la diestra de Cristo, desde donde ejerce con los poderes de Dios. Esa enseñanza es contraria a la de la Biblia, la cual dice que «nadie subió al cielo, sino el que descendió del cielo; el Hijo del Hombre , que está en el cielo» (Juan 3.13). Veremos más de esto más tarde.

Santa. Hay poca duda acerca del carácter de María. Dios la escogió para que diera a luz a su Hijo. Ella lo dio a luz y lo cuidó hasta que se hizo hombre. No hay evidencia bíblica alguna que indique que después de que cumplió con su deber ascendió a las alturas de gloria que las generaciones posteriores le han atribuido. Como cualquier otro creyente en Jesucristo, fue santificada por la sangre de Cristo. Como santa, el espíritu humano de María no puede moverse libremente, sino que tiene que permanecer en el cielo hasta la primera resurrección, cuando recibirá un cuerpo glorificado. Y hasta entonces, las muchas apariciones que muchos afirman que son María son cuestionables. Recordemos: «No creáis a todo espíritu, sino probad los espíritus si son de Dios» (1 Juan 4.1).

Jesús y María

En el relato bíblico del nacimiento de Jesús vemos el plan divino, el cual requirió que Jesús naciese de una virgen, como fue profetizado en Isaías 7.14. El embarazo de María fue un milagro. El Espíritu Santo implantó al niño Jesús en el vientre de María para que el niño no tuviese ningún padre humano sino que fuese un verdadero «Hijo de Dios». Jesús reconoció a su Padre Celestial como su único padre. Dice la Biblia que, «siendo en forma de Dios, no estimó el ser igual a Dios como cosa a que aferrarse, sino que se despojó a sí mismo, tomando forma de siervo, hecho semejante a los hombres» (Filipenses 2.5-7). Así que sin un padre humano, Jesús no tenía una familia terrenal según las costumbres de Israel.

Después de que empezó su ministerio terrenal, trató de evitar la apariencia de que tenía una familia humana. Una vez, cuando alguien le dijo que sus hermanos y su madre le esperaban afuera y que querían hablarle, respondió: «¿Quién es mi madre, y quiénes son mis hermanos? Y extendiendo su mano hacia sus discípulos, dijo: He aquí mi madre y mis hermanos.

Porque todo aquel que hace la voluntad de mi Padre que está en los cielos, ése es mi hermano y hermana, y madre» (Mateo 12.48-50). En lugar de una familia terrenal, Jesús tendría una familia espiritual.

Mientras Jesús asistía a una boda en Caná con sus discípulos, María, que estaba allí, le informó que se había acabado el vino. «Jesús le dijo: ¿Qué tienes conmigo, mujer? Aún no ha venido mi hora» (Juan 2.4). Jesús no la llamó «madre» sino «mujer»; y le recordó que ella no era parte de su ministerio: «¿Qué tienes conmigo?»

Ya clavado en la cruz, cuando Jesús vio a María y su discípulo Juan, le dijo a María: «Mujer, he ahí tu hijo. Después dijo al discípulo: He aquí tu madre. Y desde aquella hora el discípulo la recibió en su casa» (Juan 19. 26,27). María no iba a ser parte del ministerio de Jesús. Su trabajo se acabó cuando Jesús se bautizó y fue lleno del Espíritu Santo. Pero las fuerzas de las tinieblas han tratado de distorsionar las Escrituras.

Con todo esto, no es nuestra intención desacreditar a María ni distorsionar su imagen bíblica de ninguna manera. Nuestra meta es exponer y probar los espíritus que están detrás de las imágenes, apariciones, señales y visiones que parecen usurpar el lugar del Cristo viviente. A la verdadera María no le gustaría que la elevaran a expensas de la gloria de Cristo. Necesitamos hacernos caso de la palabra del Señor a la iglesia de Éfeso: «Yo conozco tus obras, y tu arduo trabajo y paciencia; y que no puedes soportar a los malos, y has probado a los que se dicen ser apóstoles y no lo son y los has hallado mentirosos ... El que tiene oído, oiga lo que el Espíritu dice a las iglesias» (Apocalipsis 2.2,7). El Señor elogió a la iglesia de Éfeso porque no creía todos los espíritus, sino que los probaba, y hallaba que algunos eran falsos.

La adoración de la madre

Muchas publicaciones, como *Enciclopedia de las Religiones*, *Las Religiones Paganas de Gross*, *Las Dos Babilonias de Hislop*, la *Enciclopedia Británica* y la *Enciclopedia Católica* presentan reportajes sobre las formas antiguas de religión basadas en una diosa madre con un niño. Hay un resumen de algunas de estas religiones en un capítulo titulado «La adoración de la Madre y del Hijo» en el libro de Ralph Woodrow, *Babilonia , Misterio Religioso,* el cual fue traducido por Héctor Torres al castellano. Estas se parecen mucho a las reliquias, señales y visiones de que se habla hoy día alrededor del mundo. Un párrafo en ese capítulo dice:

La historia de la madre y del hijo se conocía en la Babilonia antigua, y se desarrolló a una adoración establecida. Numerosos monumentos de Babilonia muestran a la diosa madre Semiramis con su hijo Tamuz en sus brazos. Cuando el pueblo de Babilonia fue dispersado a varias partes de la tierra, llevó con él la adoración de la madre divina y su hijo. Esto explica por qué muchas naciones adoraban a una madre e

hijo en una manera u otra siglos antes del nacimiento
del verdadero Salvador, Jesucristo. La madre y el hijo
tenían nombres diferentes en los varios países a los
cuales llegó esta adoración. Recordamos que Dios
confundió la lengua en Babel.

Algunos de los nombres de estas madres son:

En Alemania, a Virgen Hertha con su hijo
En Escandinavia, Disa con su hijo
Entre los etruscos, Nutria
Entre los druidas, «Virgo-Patitura, la Madre
  de Dios
En China, Shingmoo o Madre Santa
En Grecia, Afrodita o Cerce
En la Roma Antigua, Venus o Fortuna, con su
  hijo Júpiter
En India, Isi, la Gran Diosa con su hijo Iswara

Muchos de estas todavía se veneran hoy día en diversas maneras.

Una diosa madre llamada Astarot y Reina del Cielo era bien conocida entre los israelitas, y se ha dicho
que era la esposa de Baal. Esa pareja fue una espina
en las costillas de Israel. Repetidas veces, «dejaron a
Jehová y adoraron a los baales» (Jueces 2.13; véase
también Jueces 3.7, 1 Samuel 7.3, 4; 12.10, 1 Reyes
11.5, 2 Reyes 23.13). Más tarde, en la época de Jeremías, el pueblo seguía sirviendo a la Reina del Cielo:
«La palabra que nos has hablado en nombre de Jehová, no la oiremos de ti; sino que ciertamente

pondremos por obra toda palabra que ha salido de nuestra boca, para ofrecer incienso a la reina del cielo, derramándole libaciones, como hemos hecho nosotros y nuestros padres, nuestros reyes, y nuestros príncipes en las ciudades de Judá y en las plazas de Jerusalén, y tuvimos abundancia de pan, y estuvimos alegres, y no vimos mal alguno» (Jeremías 44.16-17). Los que habían huido a Egipto eran rebeldes.

La adoración de María

En el siglo IV d.C., cuando la iglesia en Roma paso a ser dirigida por el gobierno romano, muchos paganos de todas partes del Imperio Romano entraron en la iglesia. Llevaron con ellos sus religiones y la adoración de una diosa madre, la cual se negaron a dejar. Como concesión, se dice que la iglesia permitió que los paganos adorasen esas diosas madres con tal que cambiasen los nombres de «la Madre y su Hijo» a «María y Jesús».

Cuando los españoles trajeron el cristianismo a Latinoamérica en 1519, no reemplazaron las religiones animistas con la cristiana, sino que las unían en una sola religión que llaman Cristiandad Folklórica. Para acomodarlas, los españoles pusieron nombres de santos a las entidades animistas y sus ídolos. El cambio de nombre no cambió los espíritus que recibían adoración.

Una famosa diosa madre de Egipto fue Isis con su hijo Horus. Uno de los títulos de Isis fue Madre de

Dios, el cual, como hemos visto, fue transferido a María. Se dice que más tarde a algunas de las estatuas de Isis y Horus las llamaron María y Jesús y que los arqueólogos no pueden diferenciar entre las estatuas de Isis y las de María. Muchas de estas estatuas muestran a Isis o María con una luna creciente debajo de sus pies y con una aureola de estrellas sobre su cabeza.

Esta misma estatua parece estar descrita en Apocalipsis como una señal o advertencia del mal: «Apareció en el cielo una gran señal: una mujer vestida del sol, con luna debajo de sus pies, y sobre su cabeza una corona de doce estrellas. Y estando encinta, clamaba con dolores de parto, en la angustia del alumbramiento» (Apocalipsis 12.1-2). El significado de esta señal puede tener varias interpretaciones, pero en muchas de ellas, la mujer vestida del sol representa la nación de Israel, la cual dio a luz al Cristo. La imagen es semejante al sueño de José. «He aquí, que he soñado otro sueño, y he aquí que el sol y la luna y once estrellas se inclinaban a mí» (Génesis 37.9). En este sueño, la duodécima estrella fue José mismo, a quien se inclinaban su padre, su madre y sus hermanos.

Después de que la iglesia cayó en manos del Imperio Romano y fue inundada con dioses y reliquias paganas, se necesitaba justificar las doctrinas que promocionaban la deidad de María. Para hacer eso, se formularon nuevas doctrinas en un esfuerzo por exaltarla por encima de Cristo. Surgieron nuevas enseñanzas que son contrarias a las Escrituras: la virginidad perpetua, la concepción inmaculada, y por último, la asunción de María, que fue proclamada en 1951. Estas doctrinas, ahora conocidas como la Tradición de la Iglesia, han sido propuestas como revelaciones posteriores de Dios. Si embargo, si bien es cierto que Dios nos da nuevas revelaciones, estas nunca contradicen lo que Él ya nos ha dicho. Dios no se contradice, «pues Dios no es Dios de confusión, sino de paz» (1 Corintios 14.33).

Se debe recordar que estos ídolos, reliquias y estatuas de las diosas madres paganas fueron originalmente altares de demonios, y que el cambio de nombres no cambia a los espíritus malignos. El ídolo o la estatua o la reliquia es sólo un punto de contacto con el mundo de los espíritus. Eso puede explicar el que algunas de esas estatuas parezcan cobrar vida. Sencillamente, es obra de demonios, como las reliquias de India. Por eso se hace imperativo que probemos los espíritus.

CAPÍTULO SEIS

Cómo se derrota a la reina

A lo largo de la década del noventa y hasta ahora, la intercesión profética se ha dirigido directamente contra las principales fortalezas enemigas asociadas con la Reina del Cielo, y en gran parte ha sido coordinada por los miembros de la Red Internacional de Guerra Espiritual. Quiero que tengamos presente que el propósito de estos asaltos de oración ha sido tratar de retirar todo lo que el dios de este mundo pone alrededor de la mente de los inconversos en cada continente, para causar ceguera espiritual. Estas acciones pretenden neutralizar el poder de la ramera que está sobre las muchas aguas, quien comete fornicación con los reyes, y oprime a naciones enteras y a grupos de personas en todo el mundo (Apocalipsis 17).

Operación castillo de hielo

Ana Méndez es Coordinadora del Frente de Proyectos Estratégicos de la Red Internacional de Guerra Espiritual, y también se desempeña como Coordinadora Regional en el sur de México. Es una de las intercesoras proféticas con más experiencia y muy respetada en nuestros círculos de oración, AD2000. Ana ha tomado seriamente la oración por los pueblos de la Ventana 10/40 que no han oído de Cristo, y ha establecido una torre de oración en la Ciudad de México, la cual permanece ocupada por fervientes intercesores.

Un día, mientras se encontraba orando, en la torre de oración, por esta ventana, Dios le mostró a Ana que una fortaleza importante de las tinieblas que actúa sobre toda la Ventana 10/40 estaba ubicada en el lugar más alto de todos, el Monte Everest, en las montañas del Himalaya. En ese instante, ella supo que tenía que conducir un viaje de oración al Monte Everest. En un desafío grande, por lo cual investigó cuidadosamente las posibilidades y buscó una confirmación a través de Rony Chávez de Costa Rica, uno de los profetas más ampliamente reconocidos de Latinoamérica, y la persona que provee cobertura espiritual a Ana. También consultó a Harold Caballeros, el Coordinador Regional de la Red Internacional de Guerra Espiritual en el mundo hispano; a Cindy Jacobs, coordinadora de la Red Internacional de Guerra Espiritual en Estados Unidos, a Doris y a mí, al igual que a otras personas.

Todos estuvimos de acuerdo con que debía hacerlo, con la condición de que todos los que participaran estuvieran conscientes de los riesgos físicos, emocionales y espirituales asociados con un asalto de oración de tan alto nivel (tanto en términos topográficos como espirituales). Cuando Doris oró por esto, sintió que Dios la llamaba a sumarse a la expedición, a pesar de la operación para aliviar la artritis paralizante que requería cuando regresara a casa. Rony Chávez asumió la responsabilidad apostólica de la expedición y se ofreció para ir con el equipo al campamento base en el Monte Everest. En total eran veintiséis intercesores de México, Costa Rica, Colombia, Estados Unidos y Vietnam, quienes viajaron a Katmandú, en Nepal, y prosiguieron al Monte Everest. Esto sucedió en septiembre de 1997.

En el llamado que Dios hizo a Ana, en la torre de oración, le mostró a través de una visión el Himalaya como un inmenso castillo de hielo, en el que cada uno de los picos de montaña que estaban alrededor servía como guarida de espíritus demoníacos de alto rango. Esa es la razón por la que denominamos el proyecto Operación Castillo de Hielo. ¿Cómo puede relacionarse esto con el enfrentamiento con la Reina del Cielo? El Monte Everest es el nombre internacional de la montaña más alta del mundo. Su nombre original en nepalí es *Sagarmatha*, que significa ¡Madre del Universo!

A lo largo de la frontera en el Tibet la llaman *Chomolugma*, que significa lo mismo.

ORACIÓN EN EL HIMALAYA

Algunos de los intercesores, incluyendo a Doris, oraron durante tres semanas en el Hotel Vista

Everest, a 13.000 pies de altura y sin agua caliente. Otros oraron en el Campamento Base del Everest, a casi 4.000 metros de altura; allí estuvimos a punto de perder un hermano debido a un edema cerebral. El equipo de Ana, que había tomado un entrenamiento alpino profesional en México y Perú, antes de partir, escaló las cimas congeladas y cruzó abismos insondables, hasta llegar a unos 6.000 metros.

Ana dice: «La tarea que Dios nos dio consistía en derribar los fundamentos de la Gran Babilonia, la ramera sobre las muchas aguas, sobre los cuales se apoyan los sistemas religiosos falsos del mundo. El Señor nos mostró claramente adónde debíamos ir para hacer nuestro acto profético. Reveló una formación rocosa grande y de color marrón, rodeada completamente por paredes de hielo que se asemejan a un castillo, y con la forma exacta de un ídolo parecido a la Reina del Cielo. Este trono de la Madre del Universo se encontraba a 6.000 metros de altura, y para llegar hasta allá teníamos que atravesar la caída de hielo, que es la parte más peligrosa en el ascenso al Everest, sin más guía que el Señor y sin la ayuda de nadie, aparte de los ángeles.

Este acto profético, al igual que otros, fue filmado. Diversas señales indefectibles en el mundo natural confirmaron que había sido una misión exitosa y que había afectado profundamente al mundo invisible. Si no es el más fuerte, bien puede ser uno de los más fuertes ataques contra la Reina del Cielo que se han lanzado. Entre otras cosas, contribuyó a aclarar el camino espiritual para el siguiente mes, octubre de 1997, fecha del evento llamado Oración a través de la Ventana III, apoyado por la Avanzada de Oración Unida AD2000, que fue un precedente importante de la Operación Palacio de la Reina.

Pocos se enteraron de la Operación Castillo de Hielo. Lo mantuvimos en secreto debido al alto riesgo que significaba. No sentimos que fuera necesario mantener en secreto nuestro próximo evento a gran escala: la Operación Palacio de la Reina. Este es el objetivo principal de este folleto y de otros anuncios públicos que se estarán haciendo.

El maná escondido

El fax de Alicia Smith nos había preparado para recibir el «maná escondido», que consistía en una revelación de ciertos pasos nuevos, los cuales debíamos tener en cuenta para cumplir finalmente la Gran Comisión de Jesús de hacer discípulos en todas las naciones. Esto empezó a tomar forma cuando, en nuestro recorrido por Éfeso, entramos al anfiteatro con 25.060 puestos, donde tuvo lugar el alboroto descrito en Hechos 19, provocado por los fabricantes del ídolo de Diana.

En ese momento, no había muchas personas en el anfiteatro. Entonces pedí a Doris y a nuestro guía musulmán que me acompañaran a una parte tranquila, donde quería realizar una ceremonia. Saqué de mi bolsillo una copia de la declaración pidiendo perdón, escrita en turco, la cual es utilizada por los intercesores en la Caminata de Reconciliación. Aunque las Cruzadas no atravesaron la región de Éfeso, le dije al guía musulmán que yo quería pedir perdón por los pecados cometidos por nuestros ancestros cristianos contra su pueblo durante las Cruzadas. Él sabía exactamente de qué estaba hablando. Le dije cuánto lo sentíamos Doris y yo, y le pedí que leyera la declaración en turco. Estaba visiblemente conmovido, y dijo que nos perdonaba en nombre de su pueblo.

Mientras ocurría esto, Dios me habló y me mostró que algún día este mismo anfiteatro estaría lleno de una multitud de cristianos elevando alabanzas a Jesús. Ese fue el comienzo de la revelación del maná escondido.

Revelación de la operación palacio de la reina, desde el mesón de la cocina

La parte siguiente vino cuando Cindy Jacobs, una de nuestras intercesoras de 1-2, visitó nuestro hogar, en Colorado Springs, el Día del Trabajo. Estábamos conversando de pie en nuestra cocina. Le contamos lo que habíamos descubierto en Turquía, y que era uno de los países al cual queríamos regresar. Le mostramos un mapa donde algunos creen que se encuentra el Jardín del Edén, el monte Ararat donde reposó el arca de Noé, Antioquía y Tarso, así como las Siete Iglesias de Apocalipsis, Iconio, Listra, Derbe, Tarso, la Isla de Patmos y muchos otros lugares donde los cristianos bíblicos tienen raíces espirituales.

Después le mostramos fotografías de Diana, las ruinas de su templo, el ídolo de María y otras cosas relacionadas con la Reina del Cielo. Cuando desplegamos los mapas sobre el mesón de la cocina y empezamos a conversar, fue como si el Espíritu Santo hubiera descendido con poder. Cindy, en tono que reserva frecuentemente para las palabras proféticas, dijo: «Durante años la Red Internacional de Guerra Espiritual ha lanzado enfrentamientos contra fortalezas de la Reina del Cielo en muchas partes del mundo. ¡Ahora es tiempo de convocar a todas las tropas de cada continente y movilizarse hacia su palacio!». Doris y yo estuvimos de acuerdo al instante. Mi mente regresó nuevamente al «maná escondido» que iba a recibir, y sentí que esto debía tener relación con eso.

Sentí que estábamos pasando por uno de esos momentos por los que Pablo oraba en Efesios 1.17, «para que el Dios de nuestro Señor Jesucristo, el Padre de gloria, os dé espíritu de sabiduría y de revelación en el conocimiento de él». La sabiduría y la revelación estaban llegando rápidamente.

¿Cuándo debíamos realizar aquello? La Operación Castillo de Hielo había terminado la semana anterior al evento de Oración por la Ventana III, realizado en octubre de 1997. La Operación Palacio de la Reina iba a tener lugar dos años más tarde, justo antes de la Oración por la Ventana IV, en octubre de

1999. Por esa razón, la programamos para la última semana de septiembre de 1999.

Cartografía espiritual a escala mundial

Me imaginé a George Otis Jr., director de nuestra División de Cartografía Espiritual, coordinando un inmenso trabajo de investigación. Tendría que ubicar por lo menos 50 sitios en Turquía y posiblemente en naciones adyacentes, para que diferentes equipos de viajes de oración de todos los continentes fueran a visitar y orar en ellos. Desde entonces, él estuvo de acuerdo en que su Grupo de Centinelas preparara un mapa de oración a color, donde se viera toda la región, para orientación de los intercesores que van a ir hasta el lugar.

Imaginé a Beverly Pegues, de la Red Cristiana de Información, coordinando a cientos, posiblemente miles de viajeros de oración, en la base de datos computarizada que ella utiliza para coordinar los esfuerzos de Oración por la Ventana. Ella aceptó.

A medida que lo discutimos, sentimos que Turquía debía ser el núcleo central de nuestras oraciones. Simultáneamente alrededor del mundo, varios intercesores proféticos planearían acciones de oración en los puntos principales de poder de la Reina del Cielo, y en tantos países como fuera posible, especialmente los países que decidieran enviar viajeros de oración a Turquía. Esto requeriría que se levantaran cuidadosamente mapas espirituales en todo el mundo. Nueza Itloka, coordinador en Brasil de la Red Internacional de Guerra Espiritual, dijo que la manifestación más importante de la Reina del Cielo en su país era la Virgen Aparecida, y que ellos ya conocen la ubicación de sus cinco puntos principales de poder. Nozumo Takimoto, jefe de cartografía espiritual de Japón, localizó los cinco pilares principales de Amaterasu Omikami, la diosa del sol. Algunos de los nuestros en Inglaterra dijeron tener información sobre la relación de *Stonehenge* con todo esto. Inmensas cantidades de información estarían llegando mes tras mes, y la iríamos recopilando en el Centro de Oración Mundial para que estuviera disponible en Internet y en la red global.

Esto significaría que los intercesores, haciendo uso del equipo espiritual que había llegado a ser tan conocido durante esta década, estarían atacando las fuerzas de oscuridad en todos los frentes, durante la última semana de septiembre de 1999, en cientos de ofensivas que partirían desde sus hogares. El enemigo no podría reabastecer sus fuerzas a su antojo.

Antes de dar pasos concretos, llamé a Bobyye Byerly y a Chuck Pierce, quienes habían dirigido nuestro equipo de intercesión de la Red Internacional de Guerra Espiritual, a través de estos años. Yo no habría seguido adelante si ellos no hubiesen estado de acuerdo. Sin embargo, ellos sintieron un testimonio claro del Espíritu, en el sentido de que esa era sin duda la voluntad de Dios.

Nuevamente en el anfiteatro

Mientras hablábamos, soñábamos y hacíamos planes en la cocina, mi mente regresó a la ceremonia de arrepentimiento identificativo y reconciliación que tuvimos con nuestro guía musulmán en el anfiteatro de Éfeso. Allí fue donde Dios empezó a darme el «maná escondido» que me había prometido. «¡Eso es!», dije a Doris y a Cindy. «Cuando la semana termine y nuestros equipos de oración hayan pedido la bendición de Dios a lo largo y ancho de Turquía, todos vamos a coordinar nuestros recorridos para que los buses lleguen a Éfeso el último día. Todos caminaremos hacia el anfiteatro de 25.000 puestos, donde los devotos de la Reina del Cielo gritaron: «¡Grande es Diana de los efesios!» (Hechos 19.34). Allí vamos a declarar a una voz: «¡Grande es Jesús de Nazaret!» ¡Durante cuatro horas!.

No hicimos esto ni con un espíritu crítico ni con curiosidad académica sino con corazones limpios que querían llevar nuestras preocupaciones a Dios en oración. Si las tinieblas espirituales verdaderamente han cubierto la tierra turca, eso no disminuye el hecho de que Dios ama muchísimos al pueblo turco.

Hace por lo menos ocho o diez milenios que Turquía ha sido un campo de batalla espiritual. Desde el punto de vista histórico, su importancia estratégica iguala quizás la de Egipto, Mesopotamia e Israel.

Considere lo siguiente:

Anatolia tenía varias de las primeras y más siniestras civilizaciones de antes del diluvio. En una de éstas, en la comunidad misteriosa de Catal Huyuk, se han producido los descubrimientos arqueológicos más antiguos que ofrecen evidencia de adoración a la Reina del Cielo y el uso de drogas sicoactivas, de sacrificios humanos y de adoración primitiva de diosas.

Anatolia es también uno de los sitios más recordados de la historia. Aquí, en los montes de Ararat, Dios hizo reposar el arca después del diluvio. Aquí Noé y su familia edificaron un altar a Jehová y se produjo un nuevo comienzo

Anatolia llegó a ser la patria lingüística de los grandes idiomas indoeuropeos, y el semillero espiritual del culto a diosas como Cibeles y Artemisa-Diana.

Anatolia hospedó a Abram después de que Dios lo llamó del Ur de los Caldeos idólatra. En ese lugar, Abram recibió preparación para convertirse en el padre de una gran nación que engendraría hombres como Moisés, David, y Jesús.

Anatolia fue uno de los primeros lugares que recibió el evangelio después de Pentecostés. El apóstol Pablo ministró extensamente en la región. Iba estableciendo y fortaleciendo iglesias en Antioquia, Galacia, Pisidia, Iconia, Listra, Derbe, Colosas, Mileto, Éfeso, y otras regiones.

Anatolia fue también el lugar en el cual se les llamó cristianos a los discípulos de Jesús por primera vez. Según Hechos 11.25-26, esto sucedió en Antioquia, una ciudad cuya iglesia es igualmente famosa por enviar a los primeros misioneros.

La fortaleza alta de Pérgamo, con su altar masivo dedicado a Zeus, se menciona en el libro de Apocalipsis como el trono de Satanás.

El coro aleluya

Poco después de haber decidido realizar la Operación Palacio de la Reina, me encontré en Corea cenando con el obispo metodista Kim Sundo, pastor de la Iglesia Metodista Kwang Lim de 80.000 miembros. En 1993, el pastor Kim hospedó generosamente a 300 miembros de la Red Internacional de Guerra Espiritual en las lujosas instalaciones de oración de la iglesia. Uno de los eventos más recordados de aquellos días que pasamos juntos, fue la visita del coro Kwang Lim, el cual presentó un magnífico concierto de música clásica cristiana.

Le conté al pastor Kim de la Operación Palacio de la Reina. Luego dije: «Pastor Kim, los miembros de la Red Internacional de Guerra Espiritual opinan que usted tiene uno de los coros más ungidos de todo el cristianismo. ¿Consideraría la posibilidad de enviar el coro a Turquía en 1999, para que dirijan el grandioso final del culto de cuatro horas, en el anfiteatro de Éfeso, interpretando el *Mesías* de Handel?» Kim bajó los ojos y oró unos cinco segundos. Luego dijo: «¡Lo voy a hacer! ¿A cuántos puedo llevar?» Contesté: «¿A cuántos quiere traer?» Y me respondió: «¡Cien!»

¡Qué bendición! Un coro clásico coreano de cien voces y con túnicas matizó la conclusión de Celebración Éfeso con una de las canciones más amadas y que más honra a Cristo de todas las que ha conocido la iglesia cristiana.

¡Grande es Jesús de Nazaret!
Operación Dominio de la Reina

La iniciativa del Palacio de la Reina ha llegado a ser lo a que ahora llamamos Operación Dominio de la Reina. Esperamos ver un notable cambio en la atmósfera espiritual sobre la ventana 40-70 en los próximos cinco años muy similar a la que vimos sobre la ventana 10-40 en los últimos diez años.

La ventana 40-70 es la región más inactiva espiritualmente hablando, en el mundo hoy día. Es sumamente estratégica porque contiene el más grande número de cristianos inconversos en el mundo, como también un enorme número de musulmanes no árabes que se están abriendo rápidamente a la causa del evangelio. Creo que seremos privilegiados en ver el más grandioso derramamiento del Espíritu Santo sobre esta región de los paralelos 40 y 70 norte del meridiano en los próximos años.

¿Qué es el ministerio hispano internacional?

Todavía hay dos mil millones de individuos que no tienen acceso al evangelio y no tienen todavía un movimiento indígena vital en la iglesia.

El Ministerio Hispano Internacional, bajo el liderazgo del Dr. Héctor P. Torres, unifica redes nacionales e internacionales de oración que existen en Latino América para enfocar en la evangelización mundial el máximo poder de oración; sobre todo para la gente perdida de la Ventana 10/40.

Trabajando con líderes cristianos de todas partes del mundo, el Ministerio Hispano Internacional trata de reunir una fuerza masiva de oración, la cual está equipada, entrenada y enfocada para las feroces batallas espirituales que liberarán a millones de personas del dominio del enemigo y les permitirán oír y recibir el evangelio.

Asimismo, el ministerio tiene una visión por la capacitación de pastores y líderes hispanohablantes en todo el mundo. Como un reconocido profeta de Dios para las naciones, su líder viaja por todo el mundo instruyendo al Cuerpo de Cristo en cuanto a la Nueva Reforma Apostólica y los tiempos presentes de restauración y reforma en la Iglesia.

Buscamos a los que estén listos para unir sus fuerzas con las nuestras en la manera siguiente:

En oración: Movilizando la intercesión y la oración por las gentes más pobres espiritualmente; sobre todo las de Latinoamérica.

Con ayuda financiera: Necesitamos su apoyo mensual para movilizar este masivo esfuerzo mundial de oración.

En la colaboración para traer transformación a nuestras comunidades por medio de equipos de ministerios mundialmente reconocidos.

Si usted está interesado en ayudar de estas maneras o si quiere más información acerca del Ministerio Hispano Internacional, póngase en contacto con nosotros:

MINISTERIO HISPANO INTERNACIONAL
P.O. Box 25472
Colorado Springs, CO 80936
Teléfono 719-391-5093 o 719- 597-7095
Correo Electrónico:
HtorresHIM@compuserve.com
Web Site: www.hectortorres.com or .org

Printed in the USA
CPSIA information can be obtained
at www.ICGtesting.com
LVHW021152060824
787165LV00019B/153

9 780881 136234